KB077964

**납치된 도시에서
길찾기**

전현우

이음의 한뼘 문고

읽음

납치된 도시에서
길찾기

■ 내연기관차 대신 전기차 타기는 기후위기 해결책으로는
역부족이다. 줄어들 기색 없는 교통 부문 온실가스 배출량
데이터를 가리키며 전현우는 이동의 위기가 바로 이동을
열망하는 마음에서 나온다는 사실에서 출발한다. 자동차에
납치된 도시에서 우리가 길을 찾지 못할 때, 근본적인
성찰을 통해 모두가 참여할 수 있는 행동 방안을 구상해
낸다. 외면과 체념이라는 흔한 선택지를 거부하고, 도시의
구석진 길에 잠들어 있는 원칙을 길어 올리자는 제안에 골치
아프게도 설득되고 말았다.
— 홍명교(『사라진 나의 중국 친구에게』 저자)

■ 신선하고, 흥미롭다. 전작 『거대도시 서울 철도』에서
이어지는 이 책은 '자동차가 지배하는 길'을 주제로 삼아
우리의 도시에 중요한 질문을 던진다. 기후변화 시대의
철학을 시도하며 기존의 분과 학문을 넘나드는 전현우의
치열한 고민은 지적 자극을 준다. 기후위기에 대응하는
우리 삶의 조건을 짚어 보게 이끄는 고마운 책이다.
— 박소현(『동네 걷기 동네 계획』 공저자)

기후변화 시대에
철학하기

내가 기후변화를 알게 된 것은 고등학교 도서관의 책을 닥치는 대로 탐독하던 2000년대 초반 일이다. 뭔가 좋은 시대는 끝나 가는 시기였다. 1993년 넬슨 만델라의 대통령 당선 뉴스에 흥분하던 기억은 흐려지고, 교실마다 들어선 TV에 불타는 쌍둥이 빌딩이 나오던 시기. 인터넷은 부시 행정부가 지구를 망친다는 말로 가득했고, 겉보기에는 화려하지만 속에서는 부패해 가던 정보화 시대. 변화가 필요하다는 증거를 보여 주는 가장 중요한 책이라 생각하고 앨 고어의 『위기의 지구』를 열심히 읽었다. '가장'이라는 말을 뒷받침한 것은 과학의 아우라였고, 기후변화는 진보적 사고의 패키지 가운데 하나로 기억에 담겼다.

비슷한 시기에 박용남의 『꿈의 도시 꾸리찌바』가 손에 걸렸다. 이 책에서 교통망을 다루는 부분은 충격이었다. 내가 사는 인천의 버스는 노선이 너무 구불구불해 학교에서 집까지 걸어가는 것보다 느렸다. 살면서 가장 많이 욕한 대상이 바로 인천 버스일 것 같다. 그런데 브라질 쿠리치바의 자이메 레르네르 시장은 저비용 투자로 교통망을 건설해서 길을 공공의 공간으로 가꾸어 내는 데 성공했다는 것이다. 마침 바로 이 도시가 서울과 수도권 전역 교통망 개편의 모델이라는 사실이 널리 알려졌다. 나는 서울의 대학을 다니기 시작했다. 인천에서 학교까지 편도 2시간 걸리는 날이 많았다. 이 부조리를 벗어날 길이 없을지 고민이 되었다. 박용남의 보고가 진짜인지 점검하고 싶었다.

물론 실재의 힘은 강했다. 자취는 사치일 만큼 생활은 어려웠고, 2000년대 초반에 쌓았던 믿음 패키지는 세계를 변화시키기는커녕 해석하기에도 별다른 도움이 되지 않았다. 대학 도서관과 인터넷 공개 데이터 속에서 좀 더 단단한 토대를 찾아 헤맸다. 여러 기관에서 탄소 배출량과 에너지, 도시와 교통 데이터를 공개하고 있었다. 낡아빠진 노트북과 엑셀 2003로 숫자를 따라가며 상황을 점검했다. 이명박 정부의 기후 대응 전략 '저탄소 녹색 성장'이 등장했지만 정부가 바뀌자 모두가 약속한 듯 잊어버렸다. 2010년대가 상대적으로 평온한 시대였던 것일까, 아니면 관과 학계 내부만을 맴돌던 담론의 한계였던 것일까. 그러다가 이제 모두가 기후를 이야기해야 하는 2020년대가 왔다.

기후위기 시대의 철학

기후와 인간이 서로 할퀴는 소리가 들린다. 기후는 폭풍, 혹한, 폭염, 범람, 감염병으로 인간의 삶을 할퀸다. 인간은 이해하기 힘든 현실 앞에서 자신의 손안에 있다고 믿는 기계로 자기만의 고치를 짓고, 이를 가동하기 위해 화석연료를 태우면서 기후의 복원력을 할퀸다.

　　기후의 관점에서 인간의 삶 따위 알 것이 아니다. 천지불인(天地不仁)이라는 『노자』의 오래된 말처럼 기후는 감각 따위 없다. 점점 더 가열되면서 불안정해지는 기후는 무작위로 지상의 사물과 질서를 무너뜨린다. 무언가 바뀌어야 한다는 이야기는 끝이 없다. 하지만 나는 이렇게나 노력하는데, 왜 이렇게나 고통스러운지, 적어도 고통이 줄어든다는 감각조차 없는지 괴로운 것이 기후위기 시대 인간의 일상이다. 지겨워진 장난감을 내팽개치는 아이처럼 모든 것을 다루는 천지에게 호소해 보아야 헛수고다. 결국 철학은 감각을 가지고 일상을 조금씩 바꿀 수 있는 인간에게 호소할 수밖에 없다.

철학이란 모든 시대가 동시에 경합하는 전장이다. 모든 시대의 철학자가 위기를 호소하는 목소리가 울려 퍼지는 전장. 고대 그리스의 플라톤은 이데아라는 누구도 믿기 힘든 가상을 이야기했다. 공동체의 가치를 의심하도록 젊은이들을 선동했다는 이유로 죽음에 빠진 스승 소크라테스를 변호하려는 시도였다. 데카르트는 모든 감각 경험을 부정하는 악마조차도 부정할 수 없는 견고한 기초 믿음을 찾았다. 종교 전쟁 속에서 근대 유럽이 탄생하기 위한 진통의 과정이었다. 수사학의 방향도, 변론의 극적 구성도 다르지만 나는 여기에서 동료 인간을 설득하려는 철학자들의 시도를 본다. 이런 설득의 시도가 시대와 상황에 따라 변주되는 것이 철학의 거의 모든 것이리라.

이 책에서 나는 기후위기 시대의 철학을 시도한다. 새로운 상황에서 사람들을 설득하려면 새로운 존재자를 도입하고, 이 존재자를 알아보는 방법,

이 존재자의 가치를 현실에 구현할 방법까지 제시해야 할 것이다. 존재자의 도입을 형이상학, 이들을 알아보는 방법을 인식론, 가치를 구현할 실천법을 윤리학이라고 부르기로 하자. 이런 총체적인 시도에 관심이 있다면 그는 철학을 하고 있는 것이다.[1]

설득 시도는 수사적으로도 적중해야 한다. 새로운 존재자를 도입하다가 날이 새거나, 문제의 존재자를 확인하기 어렵다거나, 가치가 모호해 보인다면 갈 길 바쁜 사람들은 모두 제 갈 길로 떠나가고 말 것이다. 모두에게 괜히 끌려왔다는 생각을 들지 않게 하기란 욕심일지 모른다. 그렇지만 기후가 문제라면 이야기가 다르다. 기후 문제는 21세기의 남은 시간 동안 수습해야 하며 그다음 수백 년

---

[1] 철학은 바로 이런 의미에서 다른 분과 학문과 서로 경계가 모호하다. 오늘의 학계를 채우고 있는 분과 학문들은 과거 어느 시점에 자신들이 다루는 존재자를 관찰하면서 철학적 질문을 물었고, 이 질문에 대해 대략의 합의를 가지고 있으며, 이 합의는 다시 의문의 대상이 될 것이다. 합의가 형성된 과학은 토머스 쿤의 패러다임과 비슷한 무언가가 있을 것이고, 의문이 계속해서 이어지는 과학이라면 장하석의 능동적 실재론에 좀 더 부합할 것이다. 과학 내에 논쟁과 불일치가 있다는 주장은 세계에는 우리 마음대로 되지 않는 것이 있다는 일상적 직관과 완벽히 일치하며, 과학의 가치를 훼손하지 않는다.

이상 관리해야 할 우리 행성의 문제다. 나는 모두가 각자의 방식으로 이 문제에 대해 이야기를 나누기를 바란다. 더불어 이 문제가 철학사를 지배했던 몇몇 문제만큼이나 무수한 방식으로 변주되기를 바란다. 그래서 책 속에 어린 시절부터 최근의 출장길까지 나의 이야기를 솔직하게 풀어놓았다.

기후 문제는 18세기 이전 서양 철학자들이 매달렸던 신 존재 증명보다는 시공간 스케일이 작다. 신 존재 증명은 문자 그대로 영원을 포괄하려는 시도이니 말이다. 한편 18세기 이후 분화된 여러 학문들은 우주적 관점에서 우리를 얇은 막처럼 둘러싸고 있는 실재로부터 등을 돌렸다. 이렇게 자연과학과 사회과학이 그동안 당연히 존재하는 것으로 여긴 실재가 기후 문제에서 조명되어야 할 영역이다. 프랑스 철학자 브뤼노 라투르의 말을 빌리면, 인류에게 익숙하지만 아직 가까운 미래의 방향이 결정되지 않은 바로 이 '대지'가 기후 문제의 영역인 셈이다.[2]

---

2   브뤼노 라투르, 박범순 옮김, 『지구와 충돌하지 않고 착륙하는 방법』(이음, 2021).

교통 기계 이야기

대지의 영역이 과연 인간에게 호소력이 있을지는 두고 볼 일이다. 하지만 나에게도 한 가지 믿는 구석이 있다. 인간이 기후위기 속에서도 자기 손안에 있다고 믿는 기계다.

신, 사랑, 사회 같은 개념과 달리 기계는 손으로 만질 수 있다는 의미에서 실체가 있고, 우리의 일상을 직접 성형한다. 석탄화력발전소나 고로처럼 괴물의 규모를 가진 것도 있다. 보일러나 에어컨처럼 사라지지 않을 것도 있다. 이들 가운데 이 책은 교통에 쓰이는 기계에 초점을 맞춘다. 자동차, 비행기, 철도 그리고 우리 자신의 사지.

이들은 도시 안팎으로 뻗어 있는 길 위를 날린다. 사람들은 이들의 속도에 열광한다. 대지의 끝까지 나아가 모든 것을 수취해 자신의 고치를 키우고 치장할 수 있는 힘이 바로 이 속도이기 때문이다. 교통 기계들은 대지의 모습을 반영구적으로 바꾸어 낸다. 오늘의 대지는 지금 존재하는 기계와 길을 수용하기에도 비좁은 듯하다. 그런데 사람들은 더 많은 기계, 더 많은 길을 소리 높여 요구한다. 교통 기계가 에너지를 먹고 내놓은 온실가스가 누적되어 대지가 비틀리면, 길도 비틀어진다. 비틀린 길은 곧 두절될 것이다. 고치를 장식하던 많은 전리품들은 얼마 지나지 않아 썩기 시작할 것이다.

이것은 기후위기 시대의 꽤나 고약한 우화다. 우리는 길과 도시를 만들기 위해 대지를 변형했고, 이렇게 변형된 대지를 활용해 부를 쌓았다. 쌓인 부는 다시 더 빠른 길과 더 높은 도시를 만들기 위해 투입되었다. 이들 도시가 우리의 고치다. 모든 것이 쌓여 있는 이 공간은 교통 없이는 기능을 멈추고 말 것이다. 그런데 교통은 이렇게 스스로의 기능을 멈출 위험을 가중시키는 온실가스를 대기 중에 내놓는다. 그렇게 우리를 보호하던 고치가 무너져 갈수록, 기후의 변덕 앞에 우리는 무방비로 노출되고 말 것이다. 사람도, 물건도, 에너지의 흐름도 멈춘 도시는 존재 이유를 잃고 시간의 흐름 속에 마멸되어 사라질 것이다.

눈앞에 있는 교통 기계들 속에서 기후위기 시대 삶의 조건에 대한 기초 믿음을 처음부터 다시 찾아야 한다. 이런 믿음들을 한데 모아 함께 변화하자는 약속으로 삼을 수 있을까? 현대의 교통 체계를 공유하는 사람이라면 '자동차는 땅에서 자라나지 않는다'[3]는 문장, '사람들은 오르막을 평지보다 힘들어한다'는 평가가 무슨 뜻인지는 쉽게 알아들을 수 있다. 여기에서부터 우리는 새로운 약속을 맺을 수 있다고 나는 믿는다.

철도 3부작과 자동차

나는 이 책을 철도 3부작 기획의 두 번째 권으로 썼다.[4] 첫 책『거대도시 서울 철도』는 몇 가지 성과를 거두었다. 철도망이 기후 대응의 주축이라는 이야기는 이제 뿌리를 내렸다. 공론장에서 철도와 기후 사이의 연계는 이제 부정하기 어렵다.

  그렇지만 여전히 만족스럽지는 않았다. 사람들의 관심은 기후보다는 새로운 길에 모아졌다. 새 길이 생기면 지금보다 교통 여건이 더 나아질 것이라는 기대를 지렛대 삼아, 사람들이 기후까지 생각을 넓힌다면 좋겠다고 생각했다. 그러나 이 지렛대는 쉽게 부러진다. '9유로 티켓' 같은 정책들은 탄소 이야기는 생략된 채 대륙을 건너와 저운임 정

---

3   루트비히 비트겐슈타인, 이영철 옮김,『확실성에 관하여』(책세상, 2006), 279절.
4   제3권은 한국 남부 지방의 망을 다루기 위해 철도망과 도시의 관계에 대해 몇 가지 개념을 정교화하는 방향으로 준비 중이다.

책으로만 주목받고 있다. 서울을 뺀 모든 도시들의 탄소 배출량은 늘어만 가는데, 비수도권에서 우선 9유로 티켓과 유사한 정책을 수행해 보자는 이야기에는 반향이 없다. 기후 목표보다는 가격 하락에, 비참한 수준의 다른 도시보다는 상대적으로 상황이 양호한 내 동네에 관심이 더 많은 것이 당연한 일이라고 받아들여야 한다는 데 고통과 짜증을 함께 느꼈다.

한편 교통과 이동을 반성하기 위해 사회학자들이 내놓은 모빌리티 개념은 새로운 이동 기술로 둔갑해 자동차와 소형 항공기 기술을 포장하는 데 쓰이고 있다. 이런 와중에 주행세를 물리고 대도시와 고속도로 주변에서는 차량 통행량 억제를 본격적으로 시행해야 한다는 주장이 널리 퍼졌다면 나는 운전자들의 공적이 되었을지도 모른다. 이렇게 기후보다는 길에 초점이 맞춰진 논의 속에서 우리 시대 교통의 문제를 포착해야 했다. 기후위기 시대 우리의 도시가 승용차에 의해 녹아내리고 있기 때문이다.

도시를 번성하게 만들 줄로 믿었던 자동차가 악영향을 주고 있다. 일상의 공간 사이를 차량으로 신속하게 연결하기 위해 자동차에 의존하면 할수록, 목이 마르다고 바닷물을 마시는 것처럼 자동차를 위한 공간이 땅을 먹어 치운다. 실제로 한국에서 도로부지가 대지보다 빠르게 증가하고 있다. 그 사이 도로의 지배자는 과거의 소형 세단에서 좀 더 덩치가 큰 SUV로 바뀌고 있다. 에너지 소비와 탄소 배출량이 꾸준히 늘어난다는 것만이 문제가 아니다. 자동차 없이 살 수 없는 도시 공간은 황폐해진다.

이렇게 녹아내리는 도시에 대한 대안으로 15분 도시, 도시의 고밀도화, 골목길의 재발견 등이 제시된다. 자동차의 막강한 지배력 앞에서 반경 1km 가량 되는 지역 내에서 할 수 있는 것은, 고밀도 구역에서 할 수 있는 것은, 골목길의 소상권이 할 수 있는 것은, 통신 기술로 해결할 수 있는 것은 제한적이다. 그리고 이런 이야기에 포괄되지 않는 외곽의 난개발 시가지들에 살고 있는 한국인의 비율은 계속 느는데도 이 모든 상황을 엮는 이야기는 없다. '로컬'의 이름 아래 도심 철도를 없애 버려야 한다는 골치 아픈 이야기까지 들려왔다. 새로 짓거나 개량하는 철도 노선들은 시끄러운 도시를 버리고 대심도로, 교외로 논란을 피해 도망가 버렸다. 몇몇 지역 도시와 시민들은 철도가 사라지자 환호했

다. 내 귀에는 이들의 환호가 마치 그 도시의 조종
처럼 들렸다.

이 책을 읽는 방법

나는 이 책에서 자동차가 우리 삶에 지배력을 행사
하는 과정을 자동차 지배라고 이름한다. 자동차 지
배가 관철되고 있는 도시에서 우리는 납치된 처지
다. 자동차 지배란 말하자면 플라톤의 이데아처럼,
모두가 금방 믿을 것이라고는 기대하지 않고 멀리
던져 놓는 개념이다.

이렇게 던진 개념과 현실 사이를 메우지 않으
면 기껏 만든 개념은 고립되어 힘을 쓰지 못할 것
이다. 역사와 일상 생활에서 기초 믿음과 사실을
골라서 개념 사이를 연결했다. 접근할 수 있는 정
보와 데이터, 매일매일의 길찾기 경험과 함께 나는
자동차 지배 시대의 도시와 인간의 삶에 대해 사유
한다.

1부 '위기에 처한 이동'은 기후위기의 주요 원
인이 자동차 지배라는 사실에서 시작한다. 이동과
교통에서 나오는 온실가스의 양은 상대 비율과 절
대량 모두 증가세다. 온실가스가 늘어날수록 지구

가열은 심화되고, 이에 따라 사람들의 삶이 서 있는 길과 도시는 무너져 간다. 일종의 자멸에 가까운 상황이 바로 이 책이 탐구하는 이동의 위기다. 이 위기를 이해하기 위해 나는 이동의 세 차원에, 이동의 짧은 세계사에, 그리고 지금의 제도에 차례로 조명을 비춘다. 그리고 이를 통해 이동의 위기가 얼마나 해소하기에 어려운지 확인한다.

2부 '자동차에 납치된 도시에서'는 자동차 지배의 현장인 한국의 도시로 들어선다. 자동차를 비롯한 동력 이동 수단은 물질적 효율과 개인적 효율을 분리했다. 걸으면 다리가 아프지만, 차로 이동하면 그렇지 않다. 이렇게 분리된 효율 위에서 자동차의 지배가 심화되었다. 이러한 과정을 겪은 한국 현대사 속에서 교통 체계에 대한 형이상학과 인식론을 세우는 부분이 이곳이다.

동력 기관의 거대한 홍수 속에서도 여전히 사람들은 걷는다. 그러나 이 걷기 공간은 도시 곳곳에, 그리고 자동차가 점령한 도로에 둘러싸인 곳곳에 흩어져 있다. 바로 이 '납치된 걷기 공간' 안에 이동의 위기를 유발한 핵심 원인이 모여 있다.

도시 문제와 지역 간의 격차, 교통 계획을 아우르는 해법을 찾는 백가쟁명이 지금 진행 중이다.

나는 철도를 중심으로 하는 '확장된 걷기 공간'으로
도시를 재편하는 것이 해법이라고 주장한다. 확장
된 걷기 공간이란 출발지와 도착지 사이를 걸어서
움직일 수 있고, 이 걷기를 돕는 수단으로 공공교
통망이 체계적으로 구축되어 차가 없는 뚜벅이도
어렵지 않게 움직일 수 있는 공간이다. 백가쟁명에
참여하는 한 의견인 만큼, 확장된 걷기 공간 또한
모두가 금방 믿으리라고는 기대하지 않고 멀리 던
져놓는 개념이다. 나는 계획가의 관점과 일상의 관
점 사이에 다리를 놓기 위해 원인자 부담의 원칙이
나 역량의 분배 문제 같은 쟁점을 활용한다.

　　3부 '우리가 찾아갈 길'은 기후위기와 이동의
위기에 대응하는 방법을 찾는다. 왜 사람들은 이렇
게 움직이는가? 이동은 분명 피곤한 일이다. 그럼
에도 이동할 가치가 있다고 생각한다면 인간은 움
직인다. 이런 자기 가치감과 함께 우리가 개인의
차원에서, 사회적 차원에서 당장 할 수 있는 일을
찾는다.

　　인간은 이렇게 움직인 결과 자신의 소멸인 죽
음을 곁에 둘 수밖에 없다. 기후위기와 이동의 위
기 속에서 일어날 수많은 소멸을 이해하기 위해 마
지막 장에서는 죽음에 주목했다. 어떤 죽음은 자연

스럽고, 어떤 죽음은 억울하다. 호상과 비명횡사, 두 죽음은 인간이 노화한다는 사실 때문에 서로 나뉜다. 우리가 노화를 늦추며 죽음을 준비할 충분한 시간을 원할 때, 정작 우리가 그 시간 속에서 누리고 싶은 평온한 삶의 기반은 횡사할 위기에 처해 있다. 기후위기란 이처럼 익숙한 것들이 소멸하고 최악과 차악 사이를 택해야 하는 상황으로 우리를 몰아가는 압력이다. 이 압력을 똑바로, 함께 보는 것이 이동의 위기 앞에서 무언가를 하려면 꼭 밟아야 할 단계다.

　이렇게 나는 기후위기 시대의 철학을 시작하려 한다. 우리 모두의 문제이자 우리를 둘러싼 물질의 문제, 우리 마음의 문제이자 우리의 최후를 결정할 문제가 바로 이 길에 걸려 있다. 다시 발차 시간이 되었다.

차례

1부 위기에 처한 이동

"세계라는 책 속에서
공부하며 경험을 얻으려
몇 년을 노력한 어느 날
나는 나 자신으로부터 공부하기로,
그리고 내가 찾아갈 길을 택하는 데
정신의 모든 힘을 바치기로 결단했다."
— 데카르트, 『방법서설』

1장

오늘의 교통 상황

모든 시대는 스스로의 역량만으로는 풀기 버거운 위기를 만난다. 에너지 위기, 안보 위기, 환경 위기, 경제 위기, 사회 위기, 학문의 위기, 종교의 위기, 인간의 위기…….

오늘의 인류가 처한 위기는 모두 경쟁 속에 던져져 있다. 온실가스로 인한 지구 가열, 그로 인한 위험의 증대에 대한 증거가 누적되는 만큼 기후변화에 대한 정부 간 협의체(Intergovernmental Panel on Climate Change, IPCC)는 지난 30년에 걸쳐 기후위기에 맞서 인류가 즉각적인 대응을 해야 한다고 촉구하고 있다. 인류가 매년 배출하는 500억 톤[1]의 온실가스 물량을 가능한 한 빠르게 0까지 줄여야 한다는 것이 경고의 내용이다. 이 온실가스

가운데 4분의 3이 화석 연료에서 나오므로, 가장 시급한 것은 바로 화석 연료의 사용량을 줄이는 일이다. 그러나 화석 연료에 의존해 경제 발전을 이룬 대부분의 국가들은 연료 전환으로 인한 경제 위기에 대응하기 위해 책임을 미래에, 외국에 적당히 떠넘기는 데 집중하고 있다. 각국이 제시한 국가자발적기여(Nationally Determined Contributions, NDCs) 목표를 모두 더해 보면, IPCC가 설정한 방어선을 아득히 넘는 온실가스 배출량이 예상된다.

이 와중에 러시아라는 UN 안전 보장 이사회의 상임 이사국이 위기에 처한 조국을 보호하기 위한 완충 지대를 구축한다는 명분하에 전쟁을 일으켰다. 선진국에서는 세계 시장 속에서 일정한 역할을 수행 중인 거대도시(또는 세계도시)와 그 외의 상대적 저개발 지역 사이의 격차가 증폭되고 있다. 한편 개도국 인민의 삶은 여전히 석탄 먼지와 폐기

---

1   2022년 생존해 있는 모든 인간(약 80억 명)의 몸무게는 대략 5억 톤이다. 2010년대 후반 농산물 생산량은 약 90억 톤이며 (곡물 25억, 당류 작물 20억, 채소 15억, 유지·과일·뿌리작물 각 10억 톤 등) 산업 생산물 무게는 70~80억 톤으로 추정된다.(시멘트 40억, 철강 20억, 화학물질 6억, 종이 4억, 비철금속 2억 톤 등) 무게 기준으로 현 인류는 약간의 부산물과 함께 온실가스를 생산하는 종족인 셈이다.

물에 뒤덮여 있다. 이들에게 퍼진 코로나19 바이러스는 그 규모를 짐작할 수 없고 백신은 전달조차 되지 못했다. 세계 각국의 내부 문제를 지시하는 위기들을 이 목록에 더하면, 아마 목록만으로도 책이 한 권 나올 것이다.

위기들은 경쟁을 벌인다. 기후위기는 이 경쟁의 신참이다. 수천 년 이상 인류의 역사를 형성한 가뭄, 홍수, 감염병 위기, 선사 시대부터 이어져 인간의 유전 정보에 새겨져 있는 이방인의 침입 사이에서 기후위기는 거대한 규모의 증거로 중무장한 채 사람들에게 주목과 행동을 요구하고 있다.

교통은 탄소 저감에
실패했다

인류의 주 생산물 지위에 등극한 온실가스를 감축해야 한다는 주장은 인류의 모든 것에 대한 이야기다. 이 책의 초점인 이동과 교통에 조명을 비추기 위해 약간의 수치에서 시작하자.

도표 1은 온실가스 배출량에서 화석연료의 연소와 다른 분야에서 유래한 탄소 배출량을 대비해 보여 주는 2016년의 정지 화면이다. 배출량의 대부

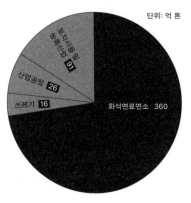

단위: 억 톤

폐기물 및 토지이용 91

산업공정 26

쓰레기 16

화석연료연소 360

〔도표 1〕인류의 온실가스 전체 배출량, 2016년[2]

분(73%)을 설명하는 것은 화석연료의 연소다. 다시 말해 다양한 열 기관에서 불태워져 이산화탄소 등으로 분해된 물질이 현재 기후위기의 가장 큰 원인이다. 토지이용 및 농축산업, 쓰레기, 산업공정은 조연이다. 화석연료에 기반을 두는 비료 생산, 축산물 유통, 플라스틱 생산 등이 없었다면 연료 연소 이외의 영역도 이렇게 크게 팽창하지는 못했

2   Hannah Ritchie, Max Roser and Pablo Rosado(2020), "CO₂ and Greenhouse Gas Emissions". Published online at *OurWorldInData.org*. Retrieved from: 'https://ourworldinda-ta.org/co2-and-other-greenhouse-gas-emissions'

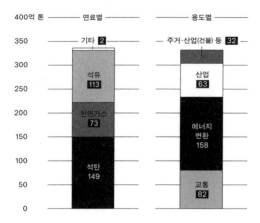

400억 톤 ───── 연료별 ─────   ───── 용도별 ─────

〔도표 2〕 화석연료 연소에서 유래한 연료별·용도별
온실가스 배출량, 2019년[3]

을 것이다.

　도표 2는 이들 온실가스 배출량을 두 관점에
서 조명한다. 연료 유형 그리고 용도 유형이 두 관
점이다. 연료 가운데 온실가스의 가장 중요한 원천
은 45%를 차지하는 석탄이다. 석탄은 대부분 발전
(發電, 에너지 변환 배출량의 대부분을 차지한다.)과 제
철과 시멘트 생산(산업의 절반을 차지한다.)으로 투

3　국제에너지기구(IEA) 홈페이지(https://www.iea.org/)의 "Da-
　ta and statistics"에서. 기관이 달라 도표 1과 세부 수치가 다르
　다. 이하 도표 3~6도 같은 출처.

입된다. 석유는 두 번째 원천이다.(33%) 석유는 교통 배출량을 대부분 설명한다. 자동차와 선박의 내연 기관, 항공기의 제트 기관이 모두 석유를 태워 돌아가기 때문이다. 나머지 석유는 산업과 건물 영역에 열을 공급하는 데 쓰인다. 천연가스(22%)는 가정·공장·빌딩의 열원으로, 예를 들어 도시가스의 형태로 공급된다.

이 모든 배출량이 화급하게 줄여야 할 대상이다. 2015년 파리 협정이 제시한 방어선인 '1.5℃' 목표는 이 500억 톤의 온실가스 배출량을 2030년까지 거의 절반으로, 2050년까지는 사실상 0으로 줄여야 달성할 수 있다. 그런데 이동과 교통은 이 목표를 달성하기에 가장 어려운 상태에 빠져 있다. 그 이유를 도표 3~5에서 확인해 보자.

온실가스 감축의 필요성을 인류가 조금씩 자각하기 시작한 최근 15년간의 변화를 그린 도표 3에서는 경제협력개발기구(OECD) 회원국, 이른바 선진국과 그 밖의 세계 사이의 차이가 먼저 눈에 들어온다. 급속한 경제 성장을 진행 중인 개도국이 기후위기 시대 미래 지구의 방향을 결정할 것이라는 사실을 보여 준다. 선진국에서는 이 시기 동안 온실가스가 많은 분야에서 감축되었다는 사

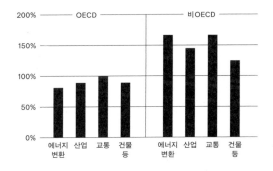

〔도표 3〕 화석연료 연소로 인해 발생한
2005년의 온실가스 배출량 대비 2019년의 온실가스 배출량의 비율,
OECD 회원국 총합과 그 외 세계

실 또한 확인할 수 있다. 그런데 교통은 다른 분야
와 변화의 방향이 달랐다.

선진국에서 교통 부문 온실가스는 단 2% 줄
어들었다. 다른 모든 분야와 달리, 심지어 대부분
의 사람들이 시간을 보내는 장소를 말하는 건물 분
야와도 달리, 세계 대부분의 지역에서 교통은 탄소
감축에 실패한 분야라는 뜻이다. 개도국조차 에너
지 변환[4]보다 교통의 탄소 배출량 증가율이 조금

4   발전, 정유, 천연가스 가공, 코크스 제조를 포괄해 지시한다. 채
     굴된 에너지를 최종 소비자가 사용할 수 있도록 가공하는 작업
     이라는 점에서 하나의 범주로 묶인다.

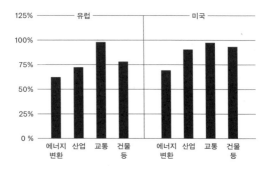

〔도표 4〕 같은 내용, 유럽연합 28개국과 미국

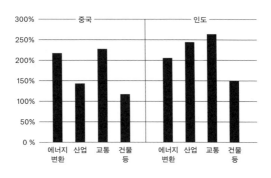

〔도표 5〕 같은 내용, 중국과 인도

더 높다.(171% 대 172%) 개도국에서도 최소한 화석
연료 전기만큼 화석연료 교통수단의 확대에 열을
올리고 있다는 뜻이다.

도표 4, 5는 선진국과 개도국 가운데 대표적

인 두 지역의 상황을 보여 준다. 유럽과 미국은 모두 다른 분야에서는 탄소 배출량 감축에 상당한 성과를 거두었지만 교통만은 사실상 요지부동이다. 자동차 천국인 미국에서 별다른 변화가 없다는 것은 상식으로 추론할 수도 있다. 그러나 기후 대응 문제에서 실질적으로 주도권을 가진 유럽조차 에너지 변환, 산업, 건물 등 다른 모든 분야에서 탄소 배출량을 상당량 감축해 냈음에도 교통은 어떻게 하지 못하고 있다.

게다가 중국과 인도에서 온실가스 배출량이 가장 빠르게 상승하는 분야는 결국 교통이다. 두 나라 모두 자국 내에 풍부한 석탄을 발전에 적극 활용해 경제 개발에 나섰다. 경제 개발의 효과를 극대화하기 위해 석유 수요의 대부분을 차지하는 자동차 이용을 억제할 동기가 큰 나라임에도 상황은 이렇다. 이동에 대한 인간의 열망은 그만큼 크다.

배출량 변화율만으로는 상황이 얼마나 심각한지 느낌이 오지 않을지도 모르겠다. 그렇지만 절대량 측면에서도, 미래 예측치 측면에서도 상황을 심각하게 간주해야 한다는 경고는 얼마든지 찾을 수 있다. 예를 들어 OECD 전체로 계산하면 소형 차량[5]의 탄소 배출량 비중은 석탄화력의 85% 수준이다.(27억 톤: 31억 톤, 2014년) 개도국은 아직 소형 차량의 배출량이 석탄화력의 33% 수준이지만(2014년) 그 성장세가 여러 부분 가운데 가장 빠르다는 것은 방금 확인한 대로다. 개도국에서도 이미 철강이나 시멘트 제조, 가스 발전보다 소형 차량의 배출량 비중이 높다.

문화, 체제, 소득을 가리지 않고 세계 각국에서 교통의 탄소 배출에 개입할 방향을 찾지 못하고 있다는 것을 의미하는 도표 3~5는 암울한 전망으로 연결된다. 결국 지금과 같은 추세대로라면 교통은 앞으로의 온실가스 배출량을 이끌어 갈 것이다. IEA는 2020년대 초반부터 교통이 OECD 최대 배출원이 될 것으로 예상하며, 유럽의 경우 2019년부터 교통 분야의 배출량이 전력 분야보다 많아졌다. 다른 변화가 없으면 개도국에서도 교통 부분 직접 배출(즉 내연기관 배출량)이 발전 부분 배출량에 근접할 것이고, 교통 총 배출[6]의 경우 2040년대 초반

5   미국 환경부는 차량 자체 중량 3.5톤 미만의 차량을 소형 차량(light duty vehicle)으로 분류한다.

6   well-to-wheel emission. 연료의 채굴부터 연소, 교통 시설의 건설과 운영, 차량의 생산과 운전에 이르는 전 생애 주기에 걸

부터는 산업보다 많을 것이라는 예상이 수년 전에 제출된 상태다.[7]

핵심은 이것이다. 세계 어디에서나 교통에서의 온실가스 배출량은 에너지를 사용하는 다른 분야보다 더 빠르게 증가해 왔다. 개발 방향을 감안하면 앞으로도 이 추세가 뒤집힐 것이라고 전망하기는 어렵다. 그 원인이 무엇이든, 이것은 이동에 대한 열망이 기후위기를 악화시키는 가장 중요한 원인으로 꼽힐 가능성이 크다는 의미다. 유럽조차 상황을 반전시키는 데 실패했다는 것은 교통은 지금까지 비난이 집중되었던 석탄화력만큼, 또는 그보다 더 중요한 배출원이 될 가능성의 증거로 보인다. 다른 어떤 분야보다도 교통의 지속가능성이 의심스러운 현실에서 나는 이동의 위기를 본다.

처 나오는 탄소 배출을 의미한다.

7   이상 두 문단의 값은 IEA, *Energy Technology Perspective 2017*(Paris: IEA, 2017)과 그 부록에서 나왔다. IEA 기준 시나리오(Reference Technology Scenario)에서 가정된 배출량은 21세기 말까지 2.7도가 상승하는 수준이다. 2022년 현재 세계 각국이 제출한 NDC 목표를 종합하면 3.2도 수준의 상승이 예상된다는 보도가 잇따르고 있으므로, 그보다 더 나쁜 상황을 예상하고 대비하는 것이 합리적이다.

기후와 마음

이동의 위기를 초래한 원인은 무엇일까. 차량의 효율이 나아지지 않고, 이동량은 계속해서 성장하고 있다는 데 주목할 수도 있을 것이다. 하지만 나는 허무할 정도로 간단한 답에 주목해 보려 한다. 이동의 위기는 더 큰 차를, 더 많은 이동을, 아주 많은 사람들이 원하기 때문에 일어난 것이다. 이 답은 아주 어려운 질문을 남긴다. 그럼 대체 왜 차량은 계속해서 커지고 사람들은 더 많이 이동하려 하는 것일까?

코로나19 대유행 이후로 여행 계획을 세우며 설레하는 사람들이 있다. 이들에게 기후위기를 들먹이면서 항공 여행은 탄소 배출 저감과 명백히 어긋나는데 괜찮은 것이냐고 물어보는 상황을 상상해 보자. 나는 이 말을 꺼냈다가 핀잔을 들었던 적이 여러 차례 있다. 나아가 차량을 SUV로 바꾸는 사람들에게, 여전히 내연기관 자동차만이 답이라고 말하는 사람들에게, 지방에서는 다른 길이 없다고 말하는 사람들에게, KTX가 더 빠른 구간에서 별다른 짐이 없음에도 차량을 끌고 이동하려는 사람들에게, 택배와 배달 음식에 익숙해진 사람들에게 기후 이야기를 꺼낸다고 해 보자. 아마 당신은 단순히 사람들의 선택에 딴지를 걸기 위해 기분 나쁜 지적을 일삼는 이상한 사람 취급을 받을 것이다.

설득의 수사가 잘못되었고, 개인의 책임을 강조하기보다는 기업과 국가의 책임을 이야기하는 것이 맞는다는 말도 가능하다. 개인이 한국에서 유럽이나 미국 방면으로 대류 간 비행을 하더라도 배출량은 한 번에 1~2톤(이코노미석 기준), 승용차 주행으로 인한 배출량은 서울에서 부산까지 60kg 정도일 뿐이다. 한국의 1년 배출량 7억 톤, 인류의 1년 배출량 500억 톤에 비하면 이는 아주 사소해 보이는 양이다.

그렇지만 분명한 사실이 있다. 이렇게 배출된 온실가스는 따로 뽑아내 파묻거나, 광합성을 통해 식물 조직의 형태로 고정되지 않는 한 대기 중에 수만 년 동안 남아 지구의 기후 조절 시스템에 영향을 미칠 것이다. 이대로 두면 지구 대기의 기온이 올라가고, 기후가 더욱 불안정해질 것이다. 안정된 기후라는 당나귀를 쓰러뜨리는 마지막 한 올의 지푸라기가, 다시 말해 대기 과학자들이 IPCC의 모델에는 포함조차 되지 않았다고 늘 강조하는 격변 사태[8]를 불러일으킬 마지막 탄소 1kg이 바로 당신의 배출이 될 수 있다.

중요한 사실이 또 하나 있다. 기업과 국가의 행동을 바꾸기 위해서는 정치적 압력이 필요하다. 그리고 이러한 정치적 압력을 만들어 내는 것은 결국 인민(people)을 구성하는 한 사람 한 사람의 마음과 행동이다. 전제군주라 해도, 그가 바로 왕이라는 인민의 동의 없이는 그저 한 명의 인간일 뿐이다. 정치적 압력을 각각의 사람으로 환원할 수는 없지만, 그것은 분명 각 사람의 마음에서 시작한다. 그리고 교통처럼 개인에게 선택권이 존재하는 영역보다 이러한 변화를 시작하기 좋은 영역은 없어 보인다.

물론 각자 사연이 없을 리 없다. 일 때문에 비행기를 타야 하는 입장도 있다. 나 역시 최근 독일의 교통현장 연구차 한차례 대륙 간 비행을 했다. 운임이 비싼 KTX를 타기 망설여지는 경우도 있을 것이다. 좀 더 저렴한 열차를 이용하려 했으나 기차가 매진이 된 적도 있을 것이고, 가족 단위 등 여

---

8   툰드라나 심해저에 매장된 메탄의 분출로 인한 온실 효과의 폭발적 증대, 극지(남극 또는 그린란드) 빙하의 빠른 붕괴로 인한 해수면의 급격한 상승 등을 포함한다.

럿이 이동하기 위해 차량을 택한 적도 있을 것이다. 그저 이동 구간에 철도가 없었을 수도 있고, 차량으로 여러 군데를 재빠르게 이동하고자 했던 것일 수도 있고, 그저 한적한 곳이 필요했을 수도 있고……. 이 모든 경우의 수에 이동을 보장하기 위해 비행기와 승용차는 필수적인 수단이다.

이런 지적의 범위를 좀 더 넓혀 볼 수도 있다. 인간 활동의 밀도가 낮은 지방 도시와 농촌 지역에 기후 문제라는 잣대를 들이대는 것이 옳은가? 섬 지역 사람들에게 비행기는 생명선과 다르지 않다. 더불어 화물 운송량을 줄이라는 말, 제조업 지역의 통근·출장 승용차 교통량을 줄이라는 말은 제조업에 의존하는 한국 경제 자체를 다시 설계해야 한다는 요구를 담고 있다. 승용차가 가장 확실하고도 편리한 선택이 되는 신도시에 터를 잡은 수많은 사람들에게, 고속도로를 타고 몰려들 승용차를 기대하고 상업 시설 입지를 선정한 상인들에게 교통량을 줄이라고 요구하는 것은 곧 삶을 송두리째 바꾸라는 것이다. 자동차 제조업, 항공교통 종사자들까지 감안하면 기후 문제를 이야기하며 승용차와 항공 통행량을 줄이자고 말하는 것은 사람들이 살아온 삶의 방식과 그동안의 선택에 대한 공격으로 받아들여질 수도 있다.

이것은 기후위기라는 문제 제기가 그동안 누적되어 온 교통 시스템과 정면 충돌한다는 뜻이다. 신중하게 말하지 않으면 이런 힐난처럼 들리고 말 것이다. '수송에 대규모의 에너지를 투입하면서 건설해 온 당신의 삶은, 통째로 잘못되었다. 도시도, 산업 구조도, 상업 활동도, 심지어 먹을 것을 실어오는 과정까지도 모두 그렇다. 네 죄를 알라.' 제법 준엄하기는 해도, 기꺼이 들을 사람은 아무도 없을 것이다. 외면하지나 않으면 다행이다.

그렇다면 우리는 또 다른 위기에 봉착해 있는 것일지 모른다. 자동차가 삶의 궤적 속에서 자연스럽게 등장하는 선진국 사람들의 무심한 일상, 선례를 따라 움직이려는 개도국 사람들의 소박한 욕심이 기후위기 대응의 관점에서는 막대한 부담이 될 수 있다. 이 부담이 인류를 짓누르는 상황이 바로 이동의 위기다.

2장

이동하는 인간의
조건

이동의 위기 앞에서 단순한 질문을 던져 보자. 우리는 왜 그렇게까지 이동하려 하는가? 18세기에는 평생 자신의 마을 언저리를 벗어나지 않는 농민이 인구의 다수였다는 추정도 있는데, 정말로 이동이 인간의 조건이기는 한 것인가?

나는 그렇다고 답하려 한다. 수렵 채집 시기에 유전 정보에 새겨진 인간의 장거리 달리기 능력을 들먹일 수도 있고, 이동에 에너지를 마음껏 투입하면서 일어난 근현대의 폭발을 서술할 수도 있다. 하지만 나는 이동하는 인간의 마음에 조명을 비춰 보고 싶다.

인간은 고향에서 얻을 수 없는 것을 바라고 길을 나선다. 도착한 곳이 만족스러우리라는 보장은 없다. 정처 없이 떠돌더라도, 그를 길로 내보내는 것은 바로 차이에 대한 기대다. 너무나 익숙해서 안온하지만 습관을 벗어날 수 없는 마을을 벗어나 세계에 직접 부딪힐 때 이 차이에 대한 기대는 부러질 수도, 현실이 될 수도 있다.

기대가 늘 부러졌음에도 길에 희망을 걸었던 사람인 공자가 떠오른다. 공자는 자신을 알맞게 써 줄 나라를 찾아 중국 전역을 끊임없이 돌아다녔다. 사마천의 기록에 따르면 공자는 적어도 세 번 적대 세력에게 포위당했다. 곤궁하고 위태로운 상황에 처해도 그는 자신이 지키려는 가치를 생각하면서 희망을 놓지 않는다. 자신의 어깨에 자신이 보존하려는 문화가 달려 있다는 것. 이것이 그가 무수한 여행을 감행했던 이유다.

길에서 찾은 희망에 근접했던 데카르트 같은 사람도 떠오른다. 과거에 대한 태도를 새롭게 세우던 시기의 유럽을 전전하던 데카르트는 마침내 네덜란드에 자리를 잡는다. 당시의 보수적 분위기에 자유의 바람을 흘려보낸 신교도의 해방구에서 그는 방랑길에 마주한 '세계라는 책'의 기억을 되새겨 근대 유럽의 정신이 될 자신의 책을 짓는다.

이동과 멈춤 사이에서 인간의 마음은 흔들린

다. 강요된[1] 것이 아니라면 인간의 이동은 그의 마음과 연결되어 있다. 꿈을 현실로 만들기에 좀 더 나은 곳을 찾아서, 인간은 값을 치르고라도 움직일 각오를 한다.

당신의 발밑에서
교통하는 세 차원

움직일 각오의 핵심에는 우연이 있다. 길에서 사람들은 우연과 마주한다.

정교하게 계획된 일정이 아주 사소한 사건 때문에 틀어진다. 기차역에서 최종 목적지까지 환승하려 했던 버스가 임의로 차를 뺐다고 하자. 계획은 완전히 뒤틀리고, 당신은 다음 행동을 빠르게 판단해야 한다. 일행이 있다면 당신의 판단 하나에 따라 여러 시간이 바뀌게 될 것이다.

길찾기를 둘러싼 판단 속에서 이동을 철학적으로 분석해 보자. 당신은 이동하거나 멈추기 위해

---

1 『사기』「공자세가」에 따르면 공자가 무리를 이끌고 포 땅을 지나다가 이 지역 사람들에게 포위당한 적이 있다. 위나라로 가지 않기로 하자 포위는 풀린다. 그러나 공자는 '강요된 맹약은 신도 인정하지 않는 법'이라며 약속을 무시한다.

여러 차원에 있는 존재자들의 지지를 받아야 한다. 이들 존재자들이 교통하는 과정 속에 당신의 교통 도 있다. 이 존재자들은 일정한 체계를 이루며, 이 체계는 세 차원으로 분석할 수 있다. 이동과 교통 은 개인의 차원, 물리적 차원, 사회적 차원이 함께 작용해 굴러간다.

개인의 차원에서 이동성[2] 개인은 인지한 정보 를 바탕으로 자신의 목적에 알맞은 수단과 경로를 구성하고 이동을 수행한다. 이들 개인은 자신의 이 동성을 보존하고 증진시키려 한다. 각 개인의 이동 성은 크게 가능성의 공간, 역량, 수행 과업으로 분 석할 수 있다. 이는 각각 이동할 수 있는 범위, 이 동에 동원할 수 있는 물리적 힘이나 지불 능력 등 의 자원, 이동을 통해 달성하려는 목적에 대응한다. 역량을 가지고 정보를 수집해서 판단과 행동을 실 행하는 행위자가 바로 개인이다.

물리적 차원에서 물질과 에너지 흐름 교통은

---

2   모틸리티(motility)는 본래 생물 용어이므로 생물학계의 번역 어를 따른다. 이동성의 세 차원에 대한 아이디어는 다음 논문에 서 제안되는 다양한 조합 가운데 일부를 택한 것이다. Vincent Kaufmann, Gil Viry, & Eric D. Widmer, "Motility," *Mobile Living across Europe II. Norbert F. Schneider*(ed.)(Barbara Budrich Publishers, 2010), pp.95~111.

에너지의 흐름과 물질의 대규모 활용을 전제한다. 인간은 생화학적 과정에 기반해 근육으로 이동을 한다. 근육을 넘는 대규모의 동력이 교통 체계의 변화를 가져왔으며, 이 변화가 문명사적 의미를 가진다는 것은 상식이다. 가령 수로 없이 고대 제국은 성립 불가능했을 것이고, 무역풍과 이를 최대한 활용할 수 있는 범선 없이 대양을 넘는 항로의 발견은 없었을 것이다. 철도는 증기기관의 동력에서 시작되었고, 자동차는 내연기관의 확산과 함께 지구를 지배하게 되었다. 유체 역학을 응용해 양력을 발견하지 못했다면, 이를 더 쉽게 얻을 수 있게 만든 제트 엔진이 없었다면 비행기로 전 지구의 하늘을 연결하는 일은 불가능했을 것이다. 전동기는 이들 이동 기관이 화석 연료에서 벗어나게 하는 기반이 된다. 차량을 만들기 위해 필요한 대규모의 금속인 철, 알루미늄, 구리 또한 빼놓을 수 없는 문명사의 주인공이다.

사회적 차원에서 이동 시스템 구성과 사용 권리 보장 개인의 이동성은 개인 바깥에 존재하는 실재에 기반한다. 가능성의 공간이 어디까지인지, 이동을 통해 수행할 수 있는 목적이 무엇인지는 개인이 결정하기 어렵다. 이 목적은 개인에 앞서 존재하여 개인이 어찌할 수 없는 실재에 바탕을 두기 때문이다. 이동하는 각각의 개인이 이 실재를 어떻게 인지하는지, 이렇게 인지하는 대상을 어떻게 이동이라는 과업에 적합하게 구성하는지는 개인을 넘어서는 사회의 과업이다. 만일 사회가 이러한 과업을 제대로 수행하지 못한다면, 개인은 자연 그대로의 들판, 수로, 바다에 맨몸으로 맞서야만 할 것이다. 이렇게 되면 개인은 자연적 한계를 넘어 나아갈 수 없고, 심할 경우 다치거나 죽을 것이다. 소극적으로는 이런 사고를 막고, 적극적으로는 과거보다 더 효과적인 이동 수단과 경로를 개발하고 제시하는 과정이 사회 차원에서 벌어지는 일이다.

더불어 개인이 이동을 위한 판단에 사용하는 정보로 에너지 가격이나 동력 수단의 이동 시간, 동력 수단의 구입 비용처럼 사회를 전제해야 하는 다양한 변수들이 존재한다. 게다가 가격과 이동 시간, 비용은 물론 이러한 조건을 가능하게 하는 자연 환경과 건조(建造) 환경이 실제 이동과 교통에 반영되려면 이에 대한 정보가 개인을 넘어 집단 차원에서 공유되고 다음 세대로 전수되어야 한다. 이러한 사회적, 역사적 과정이 바로 개인의 이동을 가능하게 하는 또 다른 기반이다.

이러한 사회 차원의 과정과 존재자들은 누군가가 관리하지 않으면 안 된다. 이 관리를 맡는 행위자는 무엇보다도 개인이 모여 조직한 조직일 것이다. 개인은 이동을 위해 시공간 속에 펼쳐진 가능성의 공간을 오직 자신의 인지적, 물리적 역량 내에서만 관리할 수 있기 때문이다. 개인을 넘는 사회적 조직의 필요성은 곧 법과 제도를 통한 관리 권한으로 이어진다. 이 관리에 필요한 비용들은 이로부터 이익을 수취할 권리도 요구한다. 권한과 수취권은 결국 이 시스템과 그 참여자들을 자신의 의도에 따라 지배할 수 있는 권력으로 이어질 수 있다.

오늘날 거의 모든 이동에서 이들 세 차원의 교통을 확인할 수 있다. 그저 주어진 것처럼 보이는 보행로 역시 세 차원 모두에 걸친다.[3] 물리적으로 보행로는 단단한 바닥으로 되어 있다. 그래서 개인이 사지로 디디며 이동 역량을 발휘할 수 있다. 바닥을 만들기 위해서는 콘크리트 벽돌과 같은 포장재를 대는 공급망이 있어야 하고, 포장 구조가 세

---

3   존 어리, 강현수·이희상 옮김, 『모빌리티』(아카넷, 2014), 3장 '모빌리티 패러다임' 참고.

월의 흐름 속에서도 일정한 상태로 유지되는지 확인하는 관료제의 꾸준한 관리가 있어야 보행로는 존재할 수 있다.

마찬가지로 승용차 운행을 위해서는 개인이 사용할 권리를 가진 승용차를 동원할 수 있도록 차량 산업이 존재해야 하고, 충분히 튼튼하면서도 바퀴로 쉽게 운행할 수 있도록 매끈하게 닦인 길과 연료가 마련되어 있어야 한다. 더불어 차주의 손을 벗어난 승용차에 대한 권리와, 차가 다니지 않는 순간에는 길을 어떻게 사용할 것인지에 대한 권리가 확립되어 있어야 한다.

이렇게 이동을 위해서는 개인의 이동성과 그것이 전제로 하는 물리적, 사회적 체계가 필요하다. 새삼스러운 분석으로 보이지만, 우리가 계획하는 이동은 바로 이러한 다층적 구성물에 의존해야만 현실에 구현될 수 있다는 뜻이다. 개인의 이동은 이 세 영역에 대한 정보를 확인하고 조율하는 과정이다. 아주 사소하고 짧은 이동이라도 그렇다.

예를 들어 직장에서 나와 점심을 먹으러 간다고 하자. 식당에 간다는 것. 그것이 바로 수행 과업이다. 이 수행 과업은 전체 이동 과정을 지배하는 전략을 구성한다. 점심식사라는 수행 과업을 이루기 위해 당신은 주어진 제한 시간과 예산, 이동 속도를 대략 파악해 직장 근처의 후보 식당 몇 개를 고를 것이다. 이러한 선택 과정은 곧 물리적, 사회적 구성물 속에서 당신의 인지적 역량이 몇 개의 선택지를 뽑아 종합하는 계획인 만큼 작전을 수립하는 과정이라고 할 수 있다. 이제 근무처에서 식당까지는 걸어서 이동한다고 하자. 이렇게 길을 걷는 것은 바로 당신이 이동성이 펼쳐지는 가능성의 공간 가운데 일부를 실제 이동 공간으로 변환하는 전술의 수행 과정이라고 할 수 있다.

이동을 통해 이루고자 하는 목적은 각 개인이 살아가는 삶의 과정이라는 좀 더 길고 넓은 맥락 속에서도 평가받을 수 있다. 전략의 전략, 즉 대전략의 차원을 삶의 맥락이 제공한다는 뜻이다.

평소와 같은 출근길이라면 당신은 평소처럼 움직일 것이다. 하지만 당신이 근태불량으로 직장에서 잘리게 될 위기라면? 오늘따라 차가 막히거나 열차가 지연된다면, 당신은 평소보다 느리게 움직이는 수단을 신속히 버리고 다른 수단을 찾아내야만 할 것이다. 좀 더 비일상적인 가정도 있다. 가족의 임종이 얼마 남지 않았다는 연락을 아주 먼 곳에서 받았다면, 당신은 역량을 최대로 투입해서 도시 속 가능성의 공간을 뚫고 나가는 좁은 길을 찾아내려 노력할 것이다.

이러한 예시는 이동하는 개인의 입장에서는 수행 과업으로부터 출발해 실제 이동에 이르는 방향으로 머리와 몸을 움직이는 것이 자연스럽다는 뜻이다. 실제로 이동하는 입장에서 가능성의 공간이나 역량은 물리적, 사회적, 인지적으로 안정적인 구조의 층위에 해당한다. 특정한 이동 여정이 길을 파괴하거나 차량, 신체에 손상을 주지 않는 한 가능성의 공간이나 역량은 물리적, 사회적, 인지적으로 유지되기 때문이다. 개인은 누구나 수행 과업에서 출발해 실제 이동 진행에 이르도록 머리와 몸을 움직여야만 한다. 그렇지 않으면 그는 이동을 통해 삶을 영위할 수 없을 것이다.

1800~2100년, 이동의 짧은 세계사 [4]

우리 모두가 이동하고 멈추는 삶은 이처럼 교통 위

---

[4] 이 절은 코로나19 이후의 여행을 고찰한 다음 글을 바탕으로 한다. 전현우, 「역동적 균형 속의 이동: 해방을 향한 이동인가, 몰락을 향한 이동인가」, 《매거진 G》 3호(김영사, 2021).

에 있다. 그렇다면 오늘날 세계인이 누리고 있는 교통의 구조는 어떤 식으로 형성되었고, 앞으로 어떤 미래가 기다리고 있을까?

이동이 지금과 비견할 수 없을 만큼 힘들던 시점까지 시계를 되감아 보자. 영국을 중심으로 증기 기관에 대한 이해가 퍼져 나가던 1800년보다 이에 적절한 시점은 없을 듯하다. 1700년이나 1600년에 인류는 지금처럼 동력에 의존하는 교통수단에 관해 별다른 정보를 가지고 있지 못했고, 1900년은 이미 많은 것이 시작된 다음이기 때문이다.

1800년. 인류는 증기 엔진의 비밀을 막 알아 가고 있었다. 그러나 아직 증기보일러의 신뢰성은 이동 기기에 실을 수 있을 만큼 높지 않았다. 육로로 이동하고자 한다면 말먹이 또는 근육의 에너지원이 될 식량을 확보해야 했다. 해로로 이동한다면 말먹이가 필요 없지만, 바람이 끊어지면 기약 없이 항구에 발이 묶여 있어야만 했다. 대양을 왕복하려면 무역풍을 기다려야 했고, 지구를 반 바퀴 돌아 유럽에서 중국까지 가는 데 걸리는 시간은 지구가 태양을 공전하는 시간과 비슷했다.

1900년. 인류는 증기를 능숙하게 다룰 수 있게 되었다. 일본에서 모로코까지, 태평양에서 대서

양까지 세계는 증기 동력으로 연결되었다. 당신은 증기선과 열차 승차권을 구매하기만 하면 된다. 지금의 관점으로 보면 사고나 기상 상태, 석탄이나 증기용 청수의 공급 불안정, 전쟁 등으로 불안한 네트워크이지만, 아무튼 이제부터는 전문가에게 맡기면 며칠 내로 문제가 해결될 것이라고 믿어도 좋다. 아마도 당신은 유럽에서 중국까지, 중국에서 미국까지 한 달이면 이동할 수 있을 것이다. 세계의 일부 지역에서는 전기와 내연기관이라는 또 다른 대안이 기지개 켜고 있었고, 온갖 실패 속에도 인류는 곧 창공을 정복하게 될 비행기 기술의 목전에 도달해 있었다.

2000년. 인류는 100년 전에는 생각하지 못했던 수준으로 이동하고, 이를 위해 석유에 의존하고 있다. 가장 널리 사용되는 이동 수단은 내연기관이고 제트엔진이 이를 보조한다. 승용차는 도시를 넘어 전 국토로 연결된 망 전체를 가득 메우고, 지구의 자전 또는 소리와 비등한 속도로 항속하는 제트 항공기는 전 세계를 무대로 하는 세계 도시 체계를 만들어 낸다. '마이카(my car)'는 수백 킬로미터의 공간을, 항공기는 수천 킬로미터의 공간을 접어 단 하루 혹은 늦어도 2~3일 만에 당신이 원하는 지상의 어느 지점에든 데려다준다. 이 덕분에 인류 전체의 연평균 이동 거리는 수천 킬로미터, OECD 국가의 이동 거리는 1인당 1만 킬로미터를 넘어섰다. 적어도 OECD 국가에서 동력화된 이동은 독립된 질서를 가진 교통의 세계를 이루기에 이른다.

2100년 시점, 아니 서기 3000년에도 이동에 전기가 쓰일 것이라는 점은 누구도 부인할 수 없는 물리적 사실이다. 항공기에 어떤 연료와 엔진이 쓰일지는 아직 불분명하지만, 2100년에도 자동차, 철도, 일부 회전익기(승객용 드론), 기타 이동 수단 대부분이 전동기로 움직일 것임은 명약관화하다. 그러나 철도를 제외한 이 시점의 전동기 기반 이동 수단들은 지금보다 운행 속도를 낮추고 적은 수만이 대지 위를 움직일 것이다. 2100년에도 인류가 문명이라는 것을 이루고 있다면 그 구성원은 기후 위기의 여러 악영향을 일정 수준 이하로 완화하는 데 성공한 사람들일 것이고, 탄소 배출량을 저감하고 에너지를 추출하는 토지 소비량을 줄이기 위해 교통 부문의 에너지 소비량은 크게 억제했을 것이기 때문이다. 아마도 사람을 싣고 서너 시간 내로 지구 반대편까지 도달하는 로켓이 유럽과 동아시아, 아메리카의 주요 공항을 연결하겠지만 운임이 무척 비싸고 접근성은 낮을 것이다. 다만 기존의 항공기, 며칠에 걸쳐 대륙을 오가는 열차의 수요는 굳건하게 남아 있을 것이다.

이동의 짧은 세계사에서 1800년, 1900년, 2000년은 우리에게 익숙한 궤적을 그리고 있다. 가속화된 이동은 처음에는 일국 내에서, 급기야 전 세계에 걸쳐 한 인간이 자신의 몸을 시간적으로 흩뿌려 놓을 수 있게 했다. 200년 동안 빠르고 정교해진 교통의 힘은 인간을 공간의 속박에서 해방시켰다. 자신이 동의하지 않는 관습이나 인간관계가 지배하는 지역을 떠나 다른 어딘가로 옮겨 가기 위해 지불해야 하는 비용은 계속해서 하락했다. 떠나려는 사람이 얻을 것은 전 세계이지만, 잃을 것은 며칠에서 몇 달 정도 일하면 벌 수 있는 금전 정도다.

그러나 2100년 시나리오는 완전히 다른 종류의 궤적을 그린다. 엔진이 배출하는 탄소, 이동과 함께 열과 마찰로 사라지는 방대한 양의 에너지를 상기시키는 궤적이다. 앞선 200년 동안 팽창한 이동은 인류를 역설적인 상황 속에 데려다 놓았다. 더 많은 교류를 위해 이동을 활성화하면 더 많은 탄소 배출이 유발되고, 길은 결국 무너질 것이다. 이동의 힘을 확대하는 것이 곧 인간의 발전이라고 생각하며 교통수단을 무한히 확장한 파멸적 후과로 우리는 2100년의 문명을 맞이할 수 없을지 모른다.

무엇이 좋은 길인가

현실에서 교통망은 여전히 지난 200년과 마찬가지로 팽창한다. 자동차는 도시 깊숙이 파고들고 있고, 항공기는 하늘을 무수히 많은 갈래로 찢는다.

비행운과 차량의 먼지 아래 길을 선택하고 실제로 만들어 내는 논리는 수십 년에 걸쳐 크게 바뀌지 않았다. 이 논리를 실제 길로 만드는 현실의 관료제는 비용편익분석을 활용한다.

비용편익분석의 핵심은 이것이다. 이동에는 비용이 든다. 이동을 위해 마련해야 하는 물질 자원과 시스템의 구성은 공짜가 아니기 때문이다. 이 비용을 들여 만든 길은 얼마만큼의 사람들에게 이러저러한 이익을 줄 것이다. 비용을 분모로, 이익을 분자로 하는 분수가 1보다 크면 비용편익분석에 합격한 길이다. 문제는 대체 무엇이 비용이고, 무엇이 이익인지를 검토하는 데 있다. 2022년 오늘의 세계에서 합의가 이루어진 비용과 이익의 내용은 정부의 평가 보고서가 따르는 지침에 기반을 둔다.[5] 이 지침은 이동의 위기를 탐구하는 맥락에서 다음 질문으로 압축할 수 있다. 무엇이 더 좋은 길인가?

현실의 지침과 이동의 위기라는 문제의식 사이에서 이 질문에 답하려면 사람들의 선호 체계에 기반을 둘 수밖에 없다. 현실의 제도가 포착하고 있는 선호 체계의 핵심은 이것이다. ① 더 많은 사람들이 ② 더 빠르게 ③ 더 저렴하게 ④ 현재에 더 가까운 시점에 움직일 수 있게 만들 수 있는 길이 그렇지 않은 길보다 좋다.

이런 선호는 강력한 설득력을 가진다. 다른 반대가 없다면, 예를 들어 '더 저렴하게'가 건설에 들어가는 비용까지 포함하는 것이라면 대체 누가 반대하겠는가. 하지만 기후위기는 네 가지 선호와 동시에 만족시키기 매우 어려운 요구를 던진다. 무엇보다 이동은 가능한 한 적은 양의 온실가스만을 배출해야 하며, 장기적으로 배출량은 0이 되어야 한다. 이를 위한 첩경은 에너지 소비량을 줄이는 데

5   한국개발연구원 공공투자관리센터, 『도로·철도 부문 사업의 예비타당성조사 표준지침 수정·보완 연구』, 제5판(한국개발연구원, 2008).

있다. 재생에너지나 원자력처럼 탄소배출량이 사실상 0에 가까운 수단 역시 문제가 있으므로, 에너지 소비량을 가능한 줄여야 한다는 요구는 결코 사라지지 않을 것이다.

지금까지의 팽창을 계속해야 한다는 주류의 생각은 조금 다를 것이다. 이들은 기후위기가 던지는 문제가 이미 제도적 틀 내에 있다고 주장할 것이다. 탄소 비용은 배출권 가격에 기반해 오염물질 배출 비용에 포함되어 있고, 에너지 비용 역시 차량 운행 비용 내에 들어가 있다는 식이다. 돈으로 충분히 환산되는 문제 제기라면, 기후위기가 던지는 요구는 새로운 것이 아니다.

하지만 기후위기에 대응해야 한다는 요구는 더 강한 내용을 담고 있다. 배출량은 가능한 한 빨리 0으로 만들어야 한다. 돈이 얼마 드는지는 부차적인 문제일 뿐이다. 배출량 저감을 가장 우선시한다면, 화석 연료로 운행되는 차량 운행은 즉각 규제의 대상이 되어야만 할 것이다. 더불어 이렇게 배출량을 줄이는 과정을 촉진하려면, 교통량과 이로 인해 소모되는 에너지를 줄이는 방향으로 교통망을 계획하고 도시를 설계해야만 한다. 지금 우리가 그렇게 변화하지 않는 원인 가운데 하나는 현재의 제도가 미래의 값을 지나치게 낮게 평가하기 때문이라는 주장도 덧붙인다.

그렇다면 기후위기로 인한 개정 요구는 무엇이 좋은 길인지에 대해 이렇게 답하고 있다고 보아도 좋다. ① 적정한 물량의 통행을 ④ 현재는 물론 미래에도 지속가능하게 하며 ⑤ 가능한 한 탄소 배출량을 빠르게 0으로 만들고 ⑥ 에너지 소비량 또한 최대한 줄이는 길이 좋다.

무엇이 좋은 길인지에 대한 두 입장의 각 부분에 붙인 번호에 주목해 달라. 나는 이들 번호 가운데 ②, ③, ⑤, ⑥은 일부러 서로 짝이 맞지 않도록 붙여 두었다. 번호가 같은 ①, ④는 동일한 문제에 대한 견해 차이처럼 보인다. 그런데 서로 짝이 맞지 않는 네 주장은 정말로 통약불가능해[6] 보인다. 현행 체계의 옹호자라면, 새로운 요구를 모두 구매력으로 환산하자고 말할 것이다. 그러나 기후위기에 진지한 입장이라면, 이런 구매력 환산 방법만으로는 기후위기에 맞서기에는 너무 무력하다고 말할 것이다.

---

6   과학철학의 맥락에서 통약불가능성(incommensurability)이라는 말은 가치 사이에 공통 기준이 부재하는 상황을 가리킨다.

이들 통약불가능한 요구들 가운데 이제 정부와 기업이 탄소와 에너지의 유한성에 대해 주장하는 내용을 그대로 받아들일 수 없다는 것만큼은 명확한 사실로 보인다. '탄소 중립' 의제의 일환으로 내연기관차 판매 종료에 대한 미래 시나리오가 작성되고 있고, 이는 시장에서 일어나는 작용이 아니라 정부가 여러 부작용에도 불구하고 선택했기 때문에 구성되는 시나리오의 일부다. 이 시나리오는 조금 비싼 값을 치르고 돌아가더라도 탄소 저감을 우선시할 필요가 있다고 분명히 말하고 있다.[7] 그러나 정부는 자가용 차량의 주행거리 감축을 위해 노력한다고 말하고만 있을 뿐 그 정도는 명시하지 않고 있다. 이렇게 어정쩡한 선에서 머물러 있는 것은 결국 개인의 구매력과 시간의 유한성이 장애물이기 때문이다.

먼저 소요 시간이 짧을수록 좋다는 주장은 각 개인의 시간 예산이 유한하기 때문에 정당화된다. 대부분의 사람은 이동 시간을 하루 1~3시간 내로 묶는다. 이보다 긴 시간을 사용하면 머물러서 일을 할 시간, 집에서 쉬고 잠을 잘 수 있는 시간이 줄어

---

7   국토교통부, 「국토교통 탄소중립 로드맵」(2021).

들고, 심리적으로도 압박을 느낄 수 있기 때문이다.[8] 아무리 차량에 익숙해도 진동과 소음으로 인해 피로가 누적된다.

더 빠른 길을 뚫게 되면 통행량이 늘어 탄소배출량과 에너지 소비량도 늘어날 것이다. 그렇다면 탄소 배출을 감안해 개인의 시간을 희생해야 하는가? 그레타 툰베리처럼 비행기를 버리고 땅에 머물러야 하는가? 무언가 기회가 생겨 대륙을 건널 때는 태양광 요트를 빌려 타야 하고? 여객선 시장이 매우 작아진 이상 선박으로 대륙 간을 이동하려는 사람들은 툰베리처럼 친구 힘을 빌려야만 하는 입장에 처하고 만다. 이는 이동을 더욱 특권적인 것으로 만드는 것이라는 비난 앞에 아직 정리된 답은 없다.

또한 길을 다닐 때 되도록 조금만 구매력을 소모할수록 좋다는 주장은 각 개인과 사회의 구매력이 유한하기 때문에 정당화된다. 이동에 소모하는 구매력은 반드시 전체 구매력의 일부분일 것이다.

---

8   '마르체티의 추측'에 따르면, 인간이 하루 중 이동에 기꺼이 소
    비하려는 시간은 평균 1시간이다. Cesare Marchetti, "Anthro-
    pological Invariants in Travel Behavior," *Technological Fore-
    casting and Social Change* Vol.47 no.1(1994), pp.75~88.

흔히 월 수입의 다섯 배가 개인 승용차의 가격으로 적당하다고 이야기되듯 이동에 소모해도 괜찮은 구매력의 수준에 대해서도 어느 정도 간주관적 합의가 있다고 볼 수 있다.

만일 이 구매력을 저탄소 이동에 과도하게 소모하자는 것이 기후위기 대응의 초점이라면, 이 또한 부당해 보일 수 있다. 정말로 그렇게 돈이 썩어 난다면, 어차피 가만히 두어도 감가상각되어서 탈수록 이익인 개인 승용차 대신 비싼 기차를, 특가 항공편 대신 비싼 고속열차를 타면서 자부심을 느껴라? 그것은 그저 유복한 중산층이 누릴 수 있는 기후 힙스터적 행동 이상이 아닐지도 모른다.

좁은 길목에 서서

이렇게 기후위기 대응이 애매하게 남겨 둔 문제가 존재한다. 이동에 소모해야 하는 구매력이 아무리 중장기적으로 바꿀 수 있는 사회 차원의 것이라도, 오늘의 교통 비용 변화가 급격하게 진행될 경우 당장 내 삶의 질을 떨어뜨릴지 모른다. 이런 우려에 충분히 잘 답하지 못하면, 기후위기라는 문제 제기를 괜한 시비로 평가하는 사람은 여전할 것이다.

게다가 시간은 더욱 중요한 문제다. 인간은 유한한 시간을 산다. 이 시간을 늘려 지금보다 여유 있게 이동해도 되도록 만드는 작업은 현재로는 상상하기 힘들다. 노화와 죽음에 도전해 성과를 거두어야 하는 일이기 때문이다. 각 개인에게 주어진 시간은 결국 사회에 앞서 주어진 실재다. 개인의 삶이 가지는 가능성을 지나치게 축소하지 않는 방법을 말하지 못한다면 기존의 관행은 계속될 것이다.

이동이라는 인간의 운명은 계속될 것이다. 이동할 필요가 극적으로 줄어들 리도 없다. 그러나 탄소 배출량을 줄이려면 이동량, 특히 승용차와 비행기의 이동 거리 절대량을 실제로 줄여야 한다. 그렇지만 사람들은 여유가 없다. 내일의 출근과 모레의 출장, 주말의 여행을 위해 제한된 구매력과 시간을 희생해 탄소 저감에 나서라고 할 여지가 과연 얼마나 될 것인가?

이들 질문 앞에서 이동의 위기는 더욱 깊어진다. 일상의 질문과 교과서적인 답 사이에 심연이 있다. 그런데 이런 현상을 초래한 원인은 그렇게 오래된 것이 아니다. 특히 이곳 한국에서는 수십 년에 지나지 않는다. 너무 흔하고 익숙해서 보이지 않는 지배자가 있다. 바로 자동차 이야기다.

2부

자동차에 납치된 도시에서

"자동차가 땅에서 자란다고
믿을 수 있는 사람이라면 누구나
우리의 검증 체계 전체를
받아들이지 않을 것이라고 말하고 싶다."
— 비트겐슈타인, 『확실성에 관하여』

3장

자동차와
한국 현대사

기후위기 대응을 위해 교통에서 해야 할 일에 대한
교과서적인 답은 이것이다. 이동이 필요한 사람들
이 가능한 한 에너지 효율이 높은 수단을 활용하도
록 만든다. 에너지 효율이 높으면 자연히 탄소 효
율도, 토지 소비 효율도, 여타 환경적 부담의 비용
도 낮을 테니 이보다 직관적인 방법은 없다.

　이를 달성하기 위해 인거리를 활용해 여러 교
통수단을 비교할 수 있다. 인거리란 이동 인원 수
를 이동 인원 각각의 이동 거리와 곱한 값이다. 예
시로 100명이 서로 400km 떨어진 서울과 부산
을 이동했다면 이동의 인거리는 4만 인km이다. 이
4만 인km를 가장 효율적으로 처리할 수 있는 수단
을 찾으면 된다. 철도가 그 사례일 것이다. 철도는

적당한 속도로 높은 물질적 효율을 달성한다.

하지만 상황이 물질적 효율만으로 흘러가지는 않는다. 서울~부산 사이에는 고속철도가 있음에도 항공로는 여전히 건재한다. 또한 승용차는 전체 교통 체계에서 압도적인 지위를 차지한다. 시간이나 구매력 같은 개인적 효율이 높다는 점에서 그럴 것이다. 이런 상황이 그냥 일어났을 리는 없다. 자동차가 땅에서 솟아나지 않았을 것이 틀림없듯, 이들 차량이 모여 이뤄진 전체 교통 체계 역시 무언가 원인이 있어서 지금의 모습을 하고 있을 것이다.

이 원인을 찾는 작업이 2부의 출발점이다. 기후위기에 대응하는 교과서적인 답이 실제로는 별 힘을 쓰지 못하는 역사적 이유를 찾으면, 상황을 반전시키기 위한 방법도 구상할 수 있다. 이를 위해 우리는 2022년 현재의 교통 체계를 이루는 여러 존재자를 짚어 보려고 한다. 도시, 길 그리고 무엇보다 자동차.

한남대교에서 강변북로를
내려다보며

어딜 가나 자동차 홍수다. 누구든 자동차 정체에

휩싸여 본 기억이 있을 것이다. 서로가 서로의 앞길을 막아 마음대로 앞으로 갈 수 없는 사태. 한강을 건너며 올림픽대로와 강변북로를 가득 메운 행렬을 내려다볼 때면 정체에서 한 발 벗어나 있다는 것이 얼마나 다행한 일인지 안도를, 차량을 끌고 나오는 사람이 저렇게나 많다는 사실에 아찔함을 느끼게 된다. 여전히 수도권으로 가는 새로운 도로 건설은 끝이 없다. 이제 감소세에 접어든 한국인과는 달리 자동차는 매년 50만 대 이상 늘어나는 중이다. 자동차가 줄어드는 지역 또한 없다. 자동차를 한반도의 새로운 지배자라고 해도 과장은 아니다.

서울 서편으로 갈수록 하늘에는 비행기가 분주히 오간다. 북한이 개방된 사회였다면 우리 머리 위의 비행기는 지금보다 배로 늘었을지도 모른다. 북중국과 일본을 오가는 비행기가 수도권 부근을 통과했을 테니. 복잡한 해안선과 거대한 군도가 즐비한 동아시아에 있는 데다 사실상의 섬인 한국의 위치는 비행기의 필요성을 더욱 높인다. 실제로 김포와 제주를 오가는 노선은 세계 최대의 혼잡 노선이고, 코로나 이전 인천공항의 승객은 경제성장률보다 빠르게 증가했다.

이 모습이 기후위기 시대에도 계속되리라고

보긴 어려울 것이다. 적어도 내연 기관과 제트 엔진이 그대로 쓰일 수는 없다. 그러나 2500만 대에 달하는 내연기관차는 여전히 수십 년간 도로에 존재할 것이다. 전기차의 증가세에 가속도가 붙고 있기는 하지만, 신차 가운데 내연기관차보다 전기차가 많아지려면 아직은 몇 년 더 기다려야 한다. 지금의 차량 정체는 대규모 탄소를 뿜어내는 원천이고, 결국 스스로의 기반을 무너뜨릴 것이다.

대체 왜 그럴까? 그저 이것이 현실이라고만 말한다면, 현 상황을 변화할 수 없는 무언가로 보며 순응할 가능성도 커진다. 변화를 위해서는 좀 더 섬세한 접근이 필요하다. 자동차는, 도로는, 비행기는 땅에서 자라나지 않으므로 누군가가 만든 것이 확실하다. 이들이 어떤 계기로 한국을 점령하게 되었는지 추적해야 한다. 미래를 상상하는 것은 그다음의 일이다.

고통과 교통

전근대 시기의 이동은 인거리의 상당 부분을 인간과 동물의 근육으로 처리해야 하는 일이었다. 가만히 앉아 시간만 신경 써도 되는 이동은 지금보다 훨씬 더 특권적인 일이었고, 물과 바람의 흐름이 돕는 제한적인 범위에서만 가능했다. 사지의 근육을 쥐어짜는 뭉근한 느낌, 글리코겐을 대신해 근육 속에 차오르는 고통에 직면하게 되는 것이 전근대 이동의 조건이었다.

물론 지금도 사람의 사지에 큰 힘이 급하게 걸릴 수밖에 없는 구조물은 우리를 고통스럽게 만든다. 오르막임에도 계단을 피해 경사가 완만한 소로로 올라가는 사람들의 모습을 본 적이 있다면 공감할 것이다. 그렇지만 오늘의 이동에서 이러한 고통의 시간은 극히 일부분에 불과하다. 예를 들면 나는 한 달에 20~40시간을 걷지만(거리로는 약 100~200km) 이보다 2배 이상의 시간(거리는 3000~4000km) 동안 동력 수단을 이용한다. 동력 수단 덕에 에너지를 이동력으로 바꾸는 기능은 신체 바깥으로 빠져나갔다. 당신이 탄 차량의 동력 기관이 어떻게 돌아가든, 이들 기관은 약간의 소음과 진동을 빼면 당신에게 영향을 주지 않는다. 반면 당신의 근육은 당신에게 고통을 줄 수 있다.

이러한 고통과 불편은 전근대를 벗어나기 위한 움직임인 개발의 방향을 결정한다. 고통을 견디는 희생이 개발에 필수적이라는 견해든, 그보다 온

건한 관점을 취하든[1] 개발의 궁극적인 목적에 고통을 줄이고 불편을 해소하는 작업이 포함된다는 견해를 거부할 사람은 없을 것이다. 부산과 같은 험준한 지형을 가진 도시에 불규칙한 계단 대신 엘리베이터가 들어선 상황을 생각해 보라. 이 엘리베이터 덕에 주변 주민은 더 편하게 집을 오갈 수 있게 되었다. 더불어 오가는 사람이 늘고, 가게도 늘어나서 생활 역시 좀 더 편리해질 것이다.[2]

아무리 거대한 교통 기관이라도, 저 언덕길을 조금이라도 편하게 가고 싶은 소박한 바람에서 출발했을 것이다. 그렇지만 이 소박한 동기는 거대한 결과로 돌아와 있다. 무슨 일이 일어난 것인지 사태를 이해하기 위해 잠깐 심리철학자들의 서술 방식을 빌려와 본다.[3]

1   아마르티아 센, 김원기 옮김, 『자유로서의 발전』(갈라파고스, 2013), 83~84쪽.

2   김희재, 『산복도로의 어제와 오늘』(부산연구원 부산학연구센터, 2019), 143~145쪽. 콕 집어 편의점의 등장을 분석하는 부분이 인상 깊다.

3   안토니오 다마지오, 고현석 옮김, 『느끼고 아는 마음』(흐름출판, 2021). 더불어 문어와 인간의 운동 감각을 비교하고, 마음의 특성과 진화의 과정을 연결하는 다음 저술도 깊은 영감을 주었다. 피터 고프리스미스, 김수빈 옮김, 『아더 마인즈』(이김, 2019).

근육에 걸리는 힘의 양이 일정 수준을 넘으면 당신의 마음에는 고통이 당신 몸에서의 구체적인 위치와 함께 거의 실시간으로 나타난다. 당신은 힘이 걸리는 바로 그 근육에서 고통을 느끼고, 이 고통으로 인해 불편을 느낀다. 고통을 느끼며 계속 나아가든, 그 자리에서 멈추든 당신은 행동에 뭔가 변화나 점검이 필요하다는 신호로 받아들이고, 고통을 느낀 신체 부위를 다른 감각을 통해 살펴볼 것이다. 이런 반응은 기나긴 진화의 산물이다. 자신의 신체 구조를 일종의 지도로 변환해 머릿속에 집어넣은 다음, 신경에서 유입된 신호를 신체 지도에 대입해 신체에서 실제로 발생한 변화를 파악하고, 이에 따라 자신의 행동을 수정하는 역량. 이러한 역량을 가지지 못한 생물이라면 외부의 위험에 대응하여 신체를 지키지 못했을 것이고, 그에 따라 상황에 적응하지 못한 채 소멸해 버렸을 것이기 때문이다.

그런데 차량 등을 통한 동력 이동은 에너지가 얼마나 들어가든 당신의 마음에 무시해도 좋을 만큼의 영향을 준다. 당신은 동력 기관이 맹렬하게 돌아가는 와중에도 잠이 들 수 있고, 차량을 이용하기 위해 차량의 동력 구조를 머릿속에 넣고 있을 필요도 없다. 분명 당신은 당신의 다리 개수를 정확히 알고 있을 것이다. 그러나 당신이 탄 기차의 바퀴가 몇 개인지는 모를 수 있다.[4] 동력 기관과 당신의 마음은 서로 단절되어 있다. 당신이 탄 차량의 동력 기관에 무리가 가더라도, 당신이 이를 쉽게 무시하거나 아예 그 신호를 이해하지도 못하는 이유다. 차량 속에서 당신은 차량의 구조를 지도화해서 이해하는 피곤한 일을 하기보다는 당신의 시간만 신경 쓰면 충분하다.

그렇다면 에너지 효율과는 상관없이 흘러가는 오늘의 교통 상황 속 이동의 위기는 바로 동력 기관과 당신의 마음이 연결되어 있지 않다는 사실과 함께 나타난다. 근육과 동력 기관은 전달받은 에너지를 운동 에너지로 변환한다는 점에서 같지만, 마음과의 연결 방식이 극히 다르다. 동력 기관과 마음 사이의 관계는 근육과 마음 사이의 진화적 역사에 비하면 엊그제 시작되었을 따름이다.

사람들은 자신에게 명확한 고통과 피하고 싶은 불편을 주는 원인을 줄이려 할 것이다. 덜 걷고,

---

4   독일 ICE 열차가 대파된 1998년 에세데 사고의 경우 바퀴가 파괴된 것을 인지하지 못한 승무원이 규정대로 객실 바닥을 뚫고 들어온 바퀴 조각을 확인하러 이동하던 중 열차가 탈선했다.

덜 오르내리고, 덜 뛰게 만드는 것이 바로 교통에서 취할 수 있는 하나의 유효한 개발 방향이다. 이렇게 근육을 가능한 한 덜 쓰게 하여 고통과 불편을 줄이는 것을 소극적 목표라고 분류해 두자.

가속과 교통

이 목표를 만족하는 한도 내에서 다른 적극적 목표를 추구할 수 있다. 근육과 마음 사이의 연결만큼이나 모든 사람이 공유하는 기반, 즉 시간이 문제다. 유한한 시간 속에서 이동 속도가 빨라져 더 많은 일을, 더 넓은 장소에서 할 수 있다면 당신의 삶은 문자 그대로 더 넓어질 것이다.

　동력 기관을 이용해 하루 안에 한 사람이 발로 묶을 수 있는 공간은 이제 한국 규모를 넘는다. 1일 생활권, 반나절 생활권이라는 말처럼 서울에서 부산, 제주로 점심 약속을 잡아 이동하는 것도 그리 어려운 일은 아니다. 남부 지방에서 출장을 마치고 저녁 약속은 다시 서울에서 잡는 날, 아니면 남부 지방에서 1박을 한 뒤 아침 고속열차를 타고 서울로 출근하는 날이면 나는 약간의 피로 속에서도 이렇게 가속화된 교통망이 내 힘과 마음이 닿는 범위를 손쉽게 넓힐 수 있다는 데 쾌감을 느끼곤 한다.

도시 차원으로 범위를 좁혀도 재미있는 관찰이 가능하다. 교통 기관의 등장으로 도심에서 30분 이내에 도달할 수 있는 범위가 넓어짐에 따라 도시의 범위도 넓어진다는 마르체티의 추측을 서울에 적용해 보자.[5] 전근대 서울의 범위는 한양 도성 그리고 성저십리(城底十里)였다. 도성의 지름은 약 4km이다. 동대문에서 서대문까지 걸어서 약 1시간이 걸린다. 동대문과 서대문에서 다시 3km를 가면 마포와 왕십리가 나오는데, 이 범위가 바로 전근대 성저십리의 범위다. 우마를 이용해 신속히 이동했다면, 도성 중심부에서 마포, 왕십리까지 약 4~5km를 30분보다 조금 더 긴 시간 내로 묶을 수 있었을 것이다. 여기까지가 전근대 도시의 한계였다.

이보다 더 넓어진 서울은 동력 기관에 의해 가능했다. 전차는 서울 도심에서 약 10km 떨어진 영등포까지 도달했다. 그다음 세대의 도시철도인 지하철은 도심에서 15~20km 바깥까지 넓어진 서울의 끄트머리에 도달했고, 여기에서 도심까지는

5   세계 도시 일반에 적용하는 설명은 전현우, 『거대도시 서울 철도』(워크룸프레스, 2020), 32~34쪽 참고.

30~40분이 걸린다.[6] 도심에서 20~25km 범위 일대에서는 제1외곽순환고속도로가 주변을 위요한다. 여기에서 도심까지 승용차는 30분이면 주파할 수 있다. 실제 이 속도는 새벽에나 기대할 수 있지만 말이다. 통행량이 집중되는 시간에도 속도를 높이기 위해 급행 열차가 외곽순환 주변에 있는 외곽 도시의 도심부와 서울을 연결하는 모습은 이제 흔하다.

서울의 개발은 (다른 선진국 거대도시들처럼) 제한된 시간 내에 더 넓은 범위에서 도심에 도달할 수 있도록 이동 속도를 가속해 온 작업이었다. 이렇게 교통망의 속도를 높이면 개인의 역량은 과거에 비해 더욱 커지게 된다. 교통 개발의 적극적 목표라는 말이 이런 작업에 어울린다.

순응할 존재자,
도전할 존재자

소극적으로 고통을 줄이고자 했든, 적극적으로 사

---

6   서울의 넓이는 시군의 전국 평균 면적(10만km²/160개=약 630km²)과 거의 같으므로 이 정도 시간과 거리가 한국에서는 하나의 도시로 묶이는 표준적인 범위다.

람들을 가속시켜 삶의 범위를 넓히려 했든, 교통 개발의 결과는 사람들의 몸과 생각이 뻗어 갈 가능성의 공간을 넓혔다.

한계선에 도전하는 것이 바로 개발이다. 전근대의 한계는 인마의 근육이었고, 현대의 한계는 차량이 속도를 내지 못하게 막는 여러 조건들이다. 이들 고통과 속도 제한이 바로 개발이 도전해야 할 대상이라고 해 두자.

하지만 도전이 아무 기반 없이 이루어질 수 있는 것은 아니다. 이미 존재하는 무언가를 받아들이지 않은 채 도전을 할 수는 없다. 가령 과거는 바꿀 수 없다. 시간의 흐름이라는 물리적 현상 때문이다. 과거가 남긴 오늘의 현상에 손을 댈 수는 있지만, 여기에도 인간이 넘을 수 없는 한계선은 있다. 그렇다면 오늘의 현상 속에서 인간이 순응해야만 하거나 도전할 수 있는 한계에 대해 이야기하기 위해서는 대체 사태를 분석할 때 무엇을 신경 써야 하는지 정리된 목록, 즉 존재 목록(ontology)이 필요하다.

1. 반복을 무릅쓰고 강조해야 할 한계선은 인간 자체다. 이동하기를 원하고 또 이동시켜야 하는 바로 이 존재자들이 가진 두 속성이 문제다. 이동을 위해 움직이는 사지에 힘이 실리면 고통과 불편

을 느낀다는 것. 일정과 일생이라는 시간 제약 속에서 살아가고 있다는 것. 이것이 이동과 교통의 개발 과정 속에서 넘을 수 없는 한계선의 첫머리에 와야 한다.

2. 조금 다른 의미에서 개발 과정에서 넘을 수 없는 한계선이 **물리학과 화학**의 시야를 택할 경우 눈에 들어온다. 연료로 써야 하는 물질을 새롭게 합성하는 데는 한계가 뚜렷하다. 주기율표는 소재의 한계선이다. 이동용 동력 기관이 열역학 1, 2법칙을 어기는 일도 있을 수 없다. 온실가스 분자들이 어떤 적외선 대역의 에너지를 흡수할 것인지도 바로 이 층위에 있는 문제다. 지구 대기의 99%를 이루는 질소와 산소 분자는 지구에서 방출되는 대역의 적외선을 흡수하지 않는다. 이제 막 0.04%를 넘긴 이산화탄소, 아니면 기상에 따라 농도가 변화하는 수증기 분자 같은 소수의 기체 분자만이 적외선의 에너지를 흡수한다. 이것은 이들 분자의 구조에서 발동될 수 있는 진동 가운데 지구가 방출하는 적외선 대역의 파장에 공명하여 증폭되는 진동이 있기 때문이다. 이들은 활용할 수 있을 뿐 다른 방식으로 작동하도록 도전할 수는 없는 존재자들이다.

3. 또 다른 의미에서 **자연사**를 통해 응축되어 바꾸기 어려운 것들이 인간 이외에도 다수 있다. 태양이 가시광선 대역에서 파장이 가장 강한 빛을 내뿜는다는 것부터 자연사의 영역이다. 지구 차원으로 들어오면, 특정 파장의 적외선을 지구가 다시 우주 공간으로 방출한다는 것, 그리고 온실가스가 홀로세 전체에 걸쳐 특정 농도로 유지되어 대기의 창이 지속되었다는 사실이 자연사의 영역이다. 석유나 석탄과 같은 자원의 분포, 한반도의 지형, 지질, 기후, 식생 조건처럼 범위를 좁혀 보더라도 자연사의 사례는 무수히 확인할 수 있다. 길을 만들고 유지하려면 이들 조건에는 대체로 순응하고, 도전해야 할 부분은 최소화해야 한다. 그렇지 않으면 길의 유지를 장담할 수 없기 때문이다.

4. 앞의 셋보다 유동적인 한계선이 있다. 길이나 도시 구조와 같은 건조 환경, 자동차와 같은 차량의 구조, 교통과 이동의 수요자와 이를 처리하는 공급자 사이의 시장, 이 시장과 건조 환경에 대해 제도를 세우고 규제를 집행하는 관료 집단 등등. 라투르라는 최근의 철학자를 참조해 이 존재자들을 (인간, 물리학, 자연사라는 실재가 사회라는 또 다른 실재 속에서 함께 작용해 창출되었다는 의미에서) **혼**

종(hybrid)이라고 부르기로 한다.[7] 이들은 몇 년 정도의 시간 속에서는 거의 변화하지 않는다. 차량의 수명이면서 새로운 길과 도시가 기존의 길과 도시에 영향을 주는 데 필요한 시간인 10~20년, 또는 이들 제도나 시장에 대해 생각이 다른 일군의 인구가 나타날 수 있는 30년, 즉 한 세대의 시간이 지나면 꽤 큰 변화를 겪게 될 것이다.

　　1~3처럼 인간으로서는 영원히 순응하지 않으면 안 되는 존재자가 있고, 4처럼 한두 세대 내에도 극적인 변화를 상상해 볼 수 있는 존재자가 있다. 근현대의 개발은 **순응**해야 하는 존재자와 **도전**할 수 있는 존재자 두 갈래로 교통 주변의 존재자를 쪼갠다. 4, 즉 혼종을 건드리는 것이 개발에서 가능한 일이다. 어떤 개발이라도 3은 가능하면 존중해야 하고, 1에는 더욱 특별한 존중이 필요하다. 2는 물론 개발이 넘을 수 없는 벽이다. 정도의 차이는 있되 개발의 시도는 결국 4에 집중될 수밖에 없

7　　브뤼노 라투르, 홍철기 옮김, 『우리는 결코 근대인이었던 적이 없다』(갈무리, 2009). 나는 라투르의 형이상학 가운데 인간이 자신의 편의에 따라 인위적으로 존재의 여러 국면을 나누어 접근했다는 주장, 그리고 일시적인 연합이 인간 사회 근처에서 자주 형성된다는 주장만을 받아들이면 충분하다고 생각한다.

다는 점을 기억해 두자.

'민족의 시험'
경부고속도로

이런 개발의 결과가 지금 우리가 보고 있는 자동차 홍수다. 정체에도 불구하고 자동차들이 사람보다도 더 빠르게 늘어나며 번창하게 만든 원인을, 역사를 따라가며 점검해 보자.

시작은 경부고속도로가 되어야 한다. 한국의 누가 이 길의 중요성을 부인할 수 있을까? 2020년 7월 7일 나는 경부고속도로의 개통 50주년을 맞아 교통에 대해 다시 생각해야 한다는 기고를 했다.[8] 더불어 추풍령휴게소의 경부고속도로 개통기념비 현장을 몇 년에 한 번 찾아가 사유를 가다듬었다.(물론 대중교통으로) 추풍령 휴게소의 육교에 기대 서서, 나는 유홍준처럼 고속도로 개통기념비의 미감에 주관적인 비난을 퍼붓는 것은 공감을 받기

---

8   전현우, 「전기차, '기후위기' 대안 기대하지만…… 철도교통망 확충 더 효율적」,《서울신문》, 2022년 7월 24일. 실제 7월 7일은 박정희가 '럭키 세븐'의 이미지를 활용하기 위해 일부러 고른 날짜다.

어렵다고 생각하고는 했다. 사실은 그렇게 만들어진 고속도로를 그 무엇보다 필요로 하는 당일치기나 1박 2일 답사를 보고하는 와중에 그런 서술이 등장한다는 데에서 역설까지 느끼곤 했다. 50년간 우뚝 서 있는 개통기념비로 걸어 올라갈 때 내가 떠올렸던 질문은 이런 것들이다. 1970년 이후 이 길은 무엇을 했던 것일까? 다시 말해 경부고속도로는 자신 주변의 혼종 가운데 무엇에 순응하고, 무엇에는 도전했는가?

순응 1 먼저 고속도로의 구조를 보자. 이 노선은 다른 가능한 노선보다 빠르게 서울과 부산을 잇는 도로이기 때문에 선택된 것이다. 부산항의 입지 조건은 한국 내에서 대체할 곳이 없다. 일본과 가깝다는 이야기를 하려는 것이 아니다. 북미 방면의 항로, 동남아와 인도양, 나아가 유럽 방면의 항로 역시 부산항 바로 앞의 대한해협에서 출발하는 것이 가장 효과적이다. 지구본에서 북미(밴쿠버/샌프란시스코)와 대만 해협을 잇는 최단 거리를 찾아보라. 당신은 이 선이 바로 대한해협을 통과한다는 것을 확인할 수 있을 것이다. 아시아와 북미를 연결하는 최단 항로가 바로 부산 앞바다를 지난다. 홋카이도와 혼슈 사이의 쓰가루 해협만 무사히 통과할 수 있다면 그렇다. 이런 해양 항로 시스템에 순응하려면 고속도로와 같은 내륙망 역시 부산 방면으로 연결해야만 했다. 이것은 미국과 대외 무역이라는 두 축에 올라 타기로 결정한 이상, 한국이 가지 않을 수 없는 길이었다.

순응 2 이 도로 위로 내연기관차가 달린다는 점도 짚을 수 있다. 이는 경부고속도로를 통해 한국이 세계 석유 공급 체계에 (부분적으로) 순응했다는 뜻이다. '석유 한 방울 나지 않는' 나라에서, 대륙과의 육로 연결이 불가능한 상황에서 석유를 대규모로 소비하는 수송체계를 육성하겠다는 결정은 해로를 지배한 (그리고 석유수출국기구(OPEC) 결성과 이란 혁명 이후에도 석유 시장에 대한 상당한 영향력을 유지한) 미국의 후견 활동 없이는 현실화될 수 없었을 것이다. 물론 미국과 무관하게 OPEC의 여러 나라들과 무난한 관계를 맺기 위한 한국의 노력 또한 계속되었다. 다만 한국철도 역시 1960년대에 디젤을 택한 상태였으므로, 이는 도로만의 문제는 아니었다.[9] 당시 수송 기술의 상태가 두 세대 이상

---

9   국내 석탄을 발전원으로 삼는 전기 철도를 주력으로 삼은 북한 체계와의 비교를 일종의 자연 실험(natural experiment)으로 볼 수 있을지 모르겠다. 이 실험에서 지금까지는 한국은 성공적

의 시간과 노력을 필요로 하는 혼종을 이루고 있었다고 보면 맞을 것이다.

도전 1 당시 대통령 박정희는 개통식 치사에서 재무, 기술, 심성의 영역에 있는 혼종을 언급하고 있다. 고속도로의 건설을 위해 재정적으로 원조나 차관을 사용하지 않았고, 기술 면에서도 외국 엔지니어의 기술 지도가 없었다는 것이다. 특히 심성의 측면에서 박정희는 이 고속도로가 "민족의 능력"을 "시험"[10]하기 위한 도전 과제였다고 갈파한다. 이것은 식민지에서 벗어난 지 한 세대가 채 지나지 않은 신생 근대국가가 교통 시스템이라는 혼종을 관리할 역량을 스스로 기르기 위한 시험이었다는 이야기다. 교통망 자체를 변형할 역량의 부재가 이 시험을 통해 도전하려는 혼종이었다.

도전 2 철도가 주도했던 기존 내륙교통망의 구조 역시 경부고속도로가 도전했던 혼종이다. 경부고속도로와 더불어 호남, 영동, 남해 등의 노선까지 갖춰지면서, 전국망에 걸쳐 일관된 수송이 가능해졌다. 이것은 여객이든 화물이든 주요 도시 간

이었고, 북한은 결과적으로 실패했다고 할 수 있다.

10   박정희, 「경부고속도로 개통식 치사」, 《박정희대통령연설문집》 제7집(1970), 4쪽.

수송은 철도로, 이후의 지선 수송은 도로로 이루어지던 '주철종도' 구조는 막을 내렸다는 뜻이다. 화물의 수송력도 도로가 더 클 것으로 예상되었다.[11] 문 앞에서 문 앞으로 수송이 가능하다는 도로의 이점은 고속도로망이 생기고 나서야 현실이 될 수 있었다. 고속버스 또한 경부고속도로 개통 이후부터 영업 가능해졌다. 이 당시 구축된 도로망은 20여 년 뒤 노태우 연간부터 시작된 확장 및 격자형 고속도로망이 구축되기까지 전국 도로망의 뼈대로 기능했다. 이 시차 때문에, 1970년 시점을 기준으로 하면 과잉 투자라고 비판할 수 있으나 2022년 시점에서는 이 도로를 자동차가 전국토는 물론 전 인민의 마음까지도 정복하는 미래를 현실로 만든 뼈대로 주목하는 것이 더 낫다.

　　이런 역사를 요약하자면 경부고속도로는 한국에 더 많은 자원을 끌어들일 수 있는 것처럼 보이는 혼종에 대해서는 순응하고, 유한한 자원을 더 효율적으로 사용할 수 있는 혼종에 대해서는 도전하기 위한 포석이었던 셈이다.

　　나는 경부고속도로를 통해 성공한 두 도전, 그

11　　교통부, 「교통백서 1970」(1970), 237쪽.

리고 석유나 국제 무역 체계에 대한 순응을 한데 묶기 위해 기존에 자동차화[12] 같은 단어보다 더 다가오는 단어가 필요하다고 생각한다. 나는 특히 도전의 내용에 비추어, **자동차 지배**라는 어구를 활용하려 한다. 경부고속도로를 타고, 자동차는 한국 교통망과 도시 체계의 중심축을 지배하게 되었다. 더불어 제도의 우선순위 역시 지배하고, 길에 대한 사람들의 상상과 심성, 즉 마음도 지배하게 되었다. 이런 자동차 지배 현상의 토대를 만든 도로가 바로 경부고속도로다.

신도시와 자동차

새로운 시대는 새로운 도시와 함께 온다. 특히 도시 공간을 성형하는 힘이 강한 이동의 변화로 생겨난 도시의 새로움은 상상 이상일 것이다. 경부고속도로 이후 건설된 주요 신도시를 세대별로 관찰해 보자.

무엇보다, 서울 **강남**. 모든 한국인의 애증이

---

12   자동차화(motorization)는 자동차의 급속한 보급을 지시하는 말로 주로 쓰인다. 존 어리의 『모빌리티』에서는 자동차의 자연화(naturalization)라는 말과 혼용된다.

담긴 이곳의 이미지는 자동차와 떼려야 뗄 수 없다. 경부고속도로가 가운데를 계곡처럼 지나는 이 도시를 도시로 만든 것은 제3한강교, 지금의 한남대교다. 나는 이 다리 남안 부근에 있는 민음사 편집회의에 가기 위해 한남역에서 내려 다리를 건넌 적이 많다. 한강에 수많은 다리가 있지만, 편도 6차선이 비좁다는 듯 막대한 양의 차량이 매 순간 몰려드는 이 다리보다 자동차 지배를 눈으로 확인하기 좋은 곳은 없다. 보행자나 자전거 같은 불청객에게 주어진 공간은 생색을 내는 수준이다. 다리 양편 한강을 둘러싼 편도 4차선 도로까지 차량으로 가득 차 있으니, 여름에 홍수로 가끔 도로가 통제될 때만 아니면 이 도시는 늘 이들 도로의 소음에 점령되어 있다.

새처럼 높은 지점에서 이 도시를 내려다보면 너비 30m 이상, 편도 4개 차로 이상으로 이루어진 광로를 뼈대 삼는 도시임을 확인할 수 있다. 이렇게 넓은 길이 400m 이상의 간격을 두고 교차한다. 400m는 차량이 100km/h까지 가속할 수도 있는 거리다. 신호만 맞는다면, 도로 용량만 충분하다면 높은 차량 속도가 보장된다는 말이다. 한 변이 400m인 광로가 네모반듯한 블록을 이루고 있는 구조를 도시 계획에서 메가블록이라고 한다. 이들 메가블록이 차곡차곡 쌓여 있는 것이 강남의 도시 구조다.

하지만 광로 내부의 소로에서는 체계를 찾기 어렵다. 이곳은 대부분 보행자와 차량의 통행로를 분리하기 어려운 이면 도로. 여기에서는 차량에게 일방적으로 유리한 치킨 게임이 매일같이 진행 중이다. 민음사는 이 블록 가운데 하나의 소로에 접하고 있다. 뒤꽁무니에 따라붙는 자동차와 숨바꼭질을 하면서 편집회의에 도착한 나에게 편집자들은 좀 더 상세한 이야기를 들려주었다. 강남의 한가운데인 이 동네의 길에는 자기 존재를 과시하듯 시끄럽고 큰 승용차들이 많이 다닌다. 이들 차량은 때로 굉음을 내며 보행자를 거칠게 밀어붙인다. 하는 수 없이 보행자들은 옆으로 피해야 한다. 편집자들이 주로 숨는 곳은 주차된 차량 사이의 틈새였다. 차주들은 자신들의 앞길을 막는 보행자를 차량 사이의 틈새로 몰아내고 도로 전체를 점령한 셈이다.

이렇게 점령된 도로는 애초에 보행자에게 친절한 길이 아니었다. 광로 수준에서 격자 구조는 지형을 대체로 무시한 상태로 구성되어 있다. 즉 하천과 구릉의 곡선에 도전해 네모반듯한 구조가 설정되어 있다. 그 내부인 소로 수준에는 경사가 비교적 가파른 지형이 그대로 남아 있고, 많은 길은 주차된 차량 때문에 차량끼리도 마주 교차하여 지나기 어려운 좁은 도로다. (가파른 지형은 보행자와 차량 사이의 사고 위험을 더 높인다.) 좀 더 잘 짜인 도로 체계와 지형에 대한 고려는 **1기 신도시** 이후에나 본격적으로 이루어진 일이다.[13]

1기 신도시인 분당·일산·평촌·산본·중동은 간선 도로 체계를 바둑판처럼 갖추고 있다는 점에서 강남을 계승한 도시다.[14] 대규모 메가블록이 많이 활용되었다는 점도 동일하다. 그렇지만 블록 내부의 도로 체계에서는 보행자를 좀 더 고려했다. 여기에 1기 신도시에 앞서 체계화된 집단 주거 양식인 아파트 단지의 허점을 부분적으로 보완하는 계획 또한 진행되었다.[15] 좁은 골목길은 아파트 건

---

13   논의의 편의를 위해 1980년대의 상계, 목동 등에 대한 논의는 생략한다.

14   다음 글에서 1기 신도시 교통망에 관한 평가를 시도했다. 전현우, 「20년 동안의 교통 혼잡: 신도시 광역교통망 1993~2012」, 박해천 외, 『세 도시 이야기』(G&Press, 2014).

15   잠실주공 1~5단지에 대한 박철수, 『한국주택 유전자 2』(마티, 2021) 11장의 서술을 활용했다.

물 사이의 널찍한 도로와 보도로 바뀌었고, 이 도로와 보도는 한쪽으로는 대규모 차량 도로에, 다른 한쪽으로는 공원을 겸하는 단지 밖 공공 보도에 면한다. 이 보도는 지형에 도전하는 일을 최대한 자제해, 조금 구불구불하더라도 경사도가 낮고 완만하게 건설되었다. 또한 이 보도는 마을버스 정류장, 그리고 마을버스가 달리는 일방통행 2차선 도로에 면한다. 이 마을버스와 도로의 종점은 광역 철도망의 역이다. 아마도 계획가들은 이만하면 개인 승용차와 공공교통의 균형을 잡고, 직전 세대의 단지에 대한 비판으로 손꼽힌 도시성 상실 문제를 해결하기 위한 구조로 충분하다고 생각했을지 모르겠다.[16]

하지만 문제는 끝이 아니었다. 서울과 떨어진 1기 신도시는 광역철도와 함께 광역 고속도로 역시 대규모로 확보했다. 1기 신도시와 비슷한 시기에 완성된 서울 시내 도시고속도로 체계, 그보다 조금 뒤에 완성된 서울 외곽순환고속도로와 더불어 자동차 교통으로 서울에 진입하기 더욱 편리

---

16 단지 외부와 내부를 쪼개게 되어 단지 주민들이 단지 외부의 활력에는 기여하지 못하게 되는 문제를 말한다. 한국토지공사, 『분당신도시 개발사』(1997), 270~271쪽.

해졌다. 서울의 구석구석까지 고속도로가 내리꽂
히자, 극심한 정체를 우려하면서 외곽의 환승주차
장에서 또는 마을버스를 타고 광역전철역에서 열
차를 타고, 시내까지는 열차로 이동하는 것이 합
리적인 선택이 되는 시공간의 범위는 매우 좁아졌
다. 전국 고속도로망 역시 계속해서 확장되었고,
중산층 한 가정에 한 대 이상의 차량이 일반화되었
다. 평일에는 출근에, 휴일에는 외곽 방면의 가족
여행에 쓸 수 있는 자동차의 가치는 계속해서 커
졌다.

　　당시 광역 전철은 출퇴근 시간을 빼면 고속도
로를 이용할 때보다 서울 진입 시간이 길었고, 서
울이 아닌 다른 외곽 지역으로 확산되는 산업 입지
로 가는 길은 아예 제공할 수 없었다. 이 두 문제는
이중 교통 환경[17]의 원인이 되어 수도권의 광역 교
통을 여전히 괴롭힌다. 틈새를 노린 버스 노선들이
늘어났지만, 덩치 큰 버스를 운전하기 편한 도로는
승용차에게는 뻥 뚫린 대로나 다름없다. 전용차로
를 설정하더라도 차로를 들락거리는 버스로 인해

17　서울 내부와 서울~충청·전라·경상 지역 간 높은 대중교통 수송
　　분담률, 그리고 외곽 광역부의 낮은 대중교통 분담률을 대조하
　　기 위해 제시한 말이다. 전현우, 앞의 책, 227~231쪽.

다른 차선이 막히게 되면 결국 승용차의 앞길은 막히고 만다. 경부고속도로에서 강남으로 접어드는 버스가 사용하는 인터체인지마다 오늘도 전조등을 쏘아 보내는 차량들이 가득하다.

앞의 문장들을 눈으로 보고 싶다면 분당선 서현역에 내려 보면 좋다. '천당 아래 분당'이라는 농담의 배경인 분당신도시 시범 단지의 입구이자 도시 전체의 중앙역으로 설정된 곳이다. 광역버스를 탔다면, 커튼 사이로 당신의 측면에 생긴 거대한 정체 행렬이 보일 것이다. 낙생육교를 지나 내렸다면, 버스 환승장보다는 서현역 민자역사 남동쪽으로 나가는 한 쌍의 공중 보도로 길을 잡는 것이 좋다. 이 보도는 완만한 경사와 곡선을 그리며 한 쌍의 2차선 일방통행 도로와 함께 동남쪽으로 2km 정도 뻗어 나간다. 근린 상가와 생활 서비스 업장이 면해 있는 이 길로 마을버스, 보행자가 분주히 지나가지만, 주차면이 아닌 곳에도 주차된 차량이 나란히 자리한다. 부근 중앙공원 인근의 광로에도 가장자리 차로에는 주차된 차량이 즐비하다. 천당 아래가 이렇다면, 천당도 자동차가 점령하고 있을 것만 같다.

도시, 광역, 전국 고속도로 체계와 함께 성

장한 1기 신도시는 고속도로를 통해 전국과 연결되었다. 고속도로 체계와 1기 신도시는 공진화를 거듭했다. 위계가 정돈된 도로 체계는 내부 통행에 자동차를 쓰는 일을 구도심이나 강남 같은 1970~1980년대의 개발지보다 더 편리하게 만들었다. 평일에도 가정에서 멀리 출근하는 사람(대개 사무직 남성)은 대중교통을 태워 보내고, 차량은 도시에 종일 머물러 있는 사람(대개 주부)의 통행에 활용하는 경우가 늘어난 배경이다.

이런 과정을 더욱 심화시킨 것이 **2기 신도시** 그리고 세종시와 혁신도시를 비롯한 **비수도권의 전략 개발지**[18]다. 이들은 주로 광역 자동차 도로를 통해 주변 도시와 연결되었다. 전국망과 광역망의 뼈대는 갖춰져 있었으므로 이들 도로가 기능하기 위해 많은 도로를 깔지 않아도 되었다. 도시 내부도 좀 더 자동차에 맞추어 바뀌어 나간다. 계획가와 주민 모두가 마이카 시대에 익숙해져 있었던 탓일 것이다.

2기 신도시에서도 단점 보완 시도가 없었던

---

18   전현우, 앞의 책에서 이들 신도시의 역할을 서술하기 위해 만든 말이다.

것은 아니다. 아파트 단지 내부는 입체화되었고, 자동차는 아파트 지하주차장으로 향했으며 지상의 대부분 공간은 다시 보행자와 어린이들에게 돌아가게 되었다. 더불어 생활권 내부의 생활 거점을 도보로 접근하기 편리하도록 구성하는 작업에도 진전이 있었다. 버스망 중심의 유연한 대중교통 체계를 세워 대중교통 수요에 대응하려는 기획도 이루어졌다. 그러나 자동차의 지배를 역전시키지는 못했다. 1기 신도시의 중심부에서 도심을 형성하는 용도로 사용되었던 철도는 2기 신도시와 비수도권 전략개발지에서는 존재 자체가 망각되어 자동차 없는 광역·전국 이동은 매우 어려워졌다. 실제로 2기 신도시에서는 판교와 동탄, 김포를 빼면 철도망이 없다.(2022년 연초 기준) 또한 각 신도시의 중생활권, 즉 인구 5~10만 명가량의 지역마다 하나씩 철도역이 제공되는 곳은 김포뿐이다.(그마저도 김포공항에서 끊기고 용량이 제한적인 별도 경전철이다.) 비수도권 전략 개발지에서는 단 하나 김천혁신도시에만 역이 존재한다.[19] 더불어 도시의 인구 밀

---

19   잠시 존재했던 원주혁신도시의 반곡역은 2021년 1월 폐역되어 사라졌다. 나는 2021년 여름 원주를 방문해 건보공단 직원 등과 반곡역이 존재할 당시를 회상하는 인터뷰를 진행했다. 당시 이

도는 2기 신도시의 절반 수준으로 낮아져 대중교통 운영이 더욱 어려워졌다. 버스 정류장까지의 거리는 늘고, 버스의 평균 승객이 그만큼 줄어드는 이상 사업자가 누구라도 버티기는 어려웠다.

아직 주변 공사로 분주한 동탄역은 이런 서술을 발로 느낄 수 있는 공간이다. 고속철도가 지나가는 지하 40m에서 그보다 얕은 곳에 있는 주차장을 지나 지상으로 올라온 당신을 버스 및 택시 환승 승강장이 반기는 것까지는 좋다. 보도가 대형 상업시설로 연결된 것도 당연한 일이다. 그러나 이 지상 보행로는 동쪽 제2신도시로는 10차선 대로를 건너야 연결된다. 대로 지하에 동쪽 청계지구의 생활 도로로 접속되는 보행용 지하도가 있긴 하지만, 보행자 입장에서 경관을 보는 맛은 없다. 서쪽 제1신도시 방면으로는 경부고속도로가 길을 막아선다. 그 흔한 보행육교 하나가 없어 보행자는 거의 2km를 돌아 제1신도시까지 가야만 한다.(실제 민원도 있었으나 구현되지 않았다.) 내가 걸었던 2km 길 가운데에서 가장 멀다는 느낌을 받았다. 누가 뒤에

들은 반곡역을 특히 수도권 방면 이동에 승용차 대신 자주 이용하고 있었고, 여전히 역이 살아 돌아오기를 바랐다.

서 잡아당기는 것이 아닌가 하는 생각까지 들 정도
였다. 매일 생활해야 하는 주민의 입장이라면, 차
량을 이용하지 않는 사람을 바보 취급하는 도시라
는 느낌을 받을 것이다.

강조하고 싶은 것은 이들 신도시가 경부고속
도로와 같이 석유 공급 체계에는, 자동차와 그에
대한 수요라는 혼종에는 순응했지만, 한국의 도시
체계, 철도 중심의 대중교통 체계라는 혼종에는 총
체적인 도전이었다는 사실이다. 같은 시기에 등장
한 고속도로 체계와 함께 더 세련되고 더 미래적인
일상의 모델이 된 이들 새로운 도시는 기존 도시와
그 주민들에게도 깊은 영향을 준다. "이제 우리나
라에서 아시안게임도 하고 올림픽도 한다는데, 좀
팽이처럼 구닥다리 차를 타고 다닐 수는 없어서"[20]
쏘나타를 그랜저로 바꾸는 배경에는 바로 강남 주
변의 대규모 아파트 단지가 있고, "자동차를 몰고
도착한 대형 할인매장"의 확산이나 "유홍준의 책
(『나의 문화유산 답사기』) 출간"[21]과 인기의 배경에
는 1기 신도시가 있다.

20   박해천, 『콘크리트 유토피아』(자음과모음, 2011), 83쪽.
21   박해천, 「마지막 코리안 스탠더드: 신도시-이마트-중산층」, 『세
      도시 이야기』(G&Press, 2014).

이처럼 신도시 개발의 역사적 변천의 결과 형성된 혼종을 나는 **신도시의 도시 조직**이라고 부르고 싶다. 이는 대규모 주차장을 확보한 아파트 단지 그리고 신도시를 둘러싼 고속도로망을 두 기반으로 하는 자동차 지배의 세포라고 규정할 수 있다. '재개발' 과정, 지속적인 시가지 내부 도시고속도로와 간선도로 확장, 지하 고속도로의 개통을 통해 기존 시가지 속에도 이 조직이 유입되면서, 자동차는 시가지를 녹여 자신에게 알맞은 방식으로 변형하고 있는 중이다.

도로의 새 왕자 SUV

이 과정을 더 세부적으로 볼 수 있는 렌즈를 바로 SUV가 제공한다. 여러 승용차 유형 가운데 사람들이 왜 SUV를 택하는지 물어보면 된다. 과거 승용차의 주력이었던 세단 대비 SUV의 크기를 살펴보자. SUV는 옆으로 넓고, 위로도 높다. 또 바닥이 좀 더 높고 이에 따라 좌석의 높이도 높다.

세단은 탑승하기 위해 손잡이를 잡을 때부터 키가 큰 사람일수록 몸을 더 숙여야 한다. 또한 좌석 높이가 낮다 보니 탑승할 때 엉거주춤한 자세로 차 내에 들어가야 한다. 하지만 SUV는 손잡이가 서서 잡을 수 있는 높이에 있고, 이를 열고 나면 좌석은 자연스럽게 미끄러져 들어갈 수 있는 높이에 있다. 내부 공간의 높이도 높고, 이것이 그대로 차 후미까지 이어진다. 트렁크의 높이가 제한적인 세단보다 훨씬 더 부피가 큰 짐 또한 쉽게 실을 수 있다는 뜻이다. 세단보다는 SUV를 택하는 이유는 이렇게 불편함을 줄일 수 있다는 데 있다. 세계적으로 신차 가운데 SUV의 비율이 2010년대 들어 두 배 넘게 치솟은 이유일 것이다.[22]

하지만 이렇게 넓고 높은 차량이다 보니 생기는 문제 또한 여럿이다. 먼저 이렇게 크기가 커지면 그만큼 차량은 무거워진다. 기관의 에너지 효율이 올라가더라도, 증가한 무게가 효율을 상당 부분 상쇄한다는 뜻이다. 가벼운 재료를 쓰더라도 부피가 늘어 높아진 공기 저항 값을 낮출 수 있는 것은 아니다. 이렇게 무게가 늘면 바퀴와 노면의 마찰로

---

22 선진국이든 개도국이든, 구대륙이든 신대륙이든 전 세계 모든 지역에서 SUV는 전체 신차 가운데 2010년 17%를 점유했으나 2018년 현재 40% 수준에 달하고 있다. IEA의 다음 보도를 참조. Laura Cozzi & Apostolos Petropoulos, "Growing preference for SUVs challenges emissions reductions in passenger car market", *IEA commentary*(2019. 10. 15).

인해 발생하는 먼지도 늘어난다. 넓고 긴 SUV일수록 과거에 건설된 작은 규모의 주차장에 맞지 않는다는 점도 문제다.[23] 지속적인 시행령 개정으로 주차장 크기는 계속해서 커지고 있지만, 더 큰 차를 팔지 못한다는 불만 또한 계속해서 나오고 있다. 또한 SUV의 높은 높이가 뒤에 있는 세단 운전자의 전방 시야를 가리고, 전방 상황을 반영해 속도를 조절하기 어려워져 결국 정체를 가중시킨다는 모형 연구 결과가 있다.[24] 높이는 교통사고가 나면 더욱 큰 문제가 된다. SUV 대 세단의 사고가 발생할 경우 바닥 높이가 낮은 세단 탑승자 측의 치명도가 더 높을 수밖에 없다. 개인으로서는 SUV를 구매할 이유가 있지만, 교통사고 전체를 줄여야 하는 입장에서는 난감한 상황이다. 마치 전쟁을 막고 파괴의 잠재력을 줄여야 하지만 군비 경쟁 앞에서 난감한 처지에 처한 국제 사회와 같은 모습이랄까.

모두가 알고 있는 이 이야기를 기존 교통망이라는 혼종에 대한 순응과 도전의 틀로 다시 적어

---

23   제갈민, 「차량 사이즈 점점 커지는데…… 주차공간은 협소, 주차장 규격 다시 손봐야」, 《시사위크》, 2021년 01월 05일.

24   니시나리 가쓰히로, 이현영 옮김, 『정체학』(사이언스북스, 2014), 93~95쪽.

보자. SUV는 주차장 규제와 같은 도로 관련 규범, 그리고 차대 차 사고의 상황과 같은 혼종에 도전해 이를 변화시키려 했다. 한편 이들은 차량에서 점점 더 많은 것을 해결하고자 했던 사람들의 심성에는 순응하였다. 세세한 불편을 찾아내고, 이 불편에 대응하는 새로운 차량을 만들어 수익을 최대화하려 했던 차량 제조사들의 이윤 동기 역시 SUV가 순응한 혼종이다. 이러한 도전과 순응 속에서 에너지 사용량, 온실가스 배출량, 미세먼지 농도, 사고 비용과 같은 혼종들은 사람들의 지각과 무관하게 더더욱 증식하게 되었다.

앞서 살펴본 경부고속도로·고속도로망과 신도시의 도시 조직이 진행한 자동차의 도시 지배는 SUV를 필두로 하는 변화에 의해 한 단계 더 심화되었다. 2000~2010년대 SUV 시대의 개막과 동시에 세컨드 카, 즉 한 가구에서 용도에 따라 두 대 이상의 차량을 구입하여 활용하는 경우도 늘었다. 이에 따라 정부는 도로만이 아니라 추가 주차장까지 공급해야 하는 책임을 떠맡게 되었다. 신도시 주변의 교통축을 따라 생긴 '난개발' 지역, 고속도로와 주차장에 의존하는 대규모 몰 같은 혼종들 또한 나타났다. 공간은 더욱 귀해지는데, 차량과 건

조 환경은 한데 모여 자동차에 더 많은 공간을 할
당해 달라는 요구를 증폭시켰다.

난개발 지역은 체계적인 대중교통 공급이 어
려워 도로의 품질이 열악하더라도 승용차에 의존
할 가능성이 높다. 민간 상업 시설은 가능한 한 최
소한의 부담만 지고, 주변 도로를 사실상 자신들의
주차장으로 활용하면서 도로를 사유화하려 할 것
이다. 다른 종류의 인과적 요소가 모두 차량과 그
에 할당할 공간의 증대로 향해 있는 상황에서 신도
시 주차장 규제, 구도심이나 신도심 도로공급량의
축소와 같은 요소[25]만으로 자동차의 도시 지배를
견제할 수 있다고 믿는다면, 그것은 아주 순진한
몽상에 가까울지 모른다.

저가 항공이 파는 것

자동차 지배를 논의하는 과정에서 항공을 빼놓고

---

[25]   특히 주차장과 도심부 도로망의 제한을 도로 교통량을 억제할
주요 방법으로 삼은 세종시를 염두에 두고 있다. 서울과 같이
도로망에 의존할 수 없어 철도망 없이 도시 기능을 고도화할 수
없는 임계점을 넘은 거대도시가 아니라면, 자동차 지배에 저항
하는 것은 정말로 장기적이면서도 광역권 전체가 매달려야 하
는 과제일 수밖에 없다.

지나갈 수 없다. 2010년대 인천공항 이용객은 매년 10%씩 증가했고, 이는 같은 시기 한국 경제의 성장률보다 훨씬 높았다. 소득 1만 달러 시대가 개막한 직후인 1997년에는 서울-부산 간 항공 통행량이 철도보다 더 많아졌다. 더불어 2만 달러 시대가 개막한 2006년은 국내 최초의 항공사인 제주항공이 개업한 직후 시점이고, 3만 달러 시대에 접어든 2018년에는 밀려드는 항공승객을 처리하기 위해 인천공항 제2터미널이 개장했다. 한국인의 평균 소득이 1만 달러를 넘고 마이카 시대가 실현된 1990년대 후반 이후 한국경제 성장의 증표가 항공업이라고 보아야 할 것이다.

항공업은 비행기를 팔지 않는다. 비교적 소규모 기체라 저가 항공이 애용하는 보잉 737 역시 200명 가까운 정원을 자랑하는 대중교통이다. 이런 대중교통이 경제 전체보다 훨씬 빠르게 성장했다는 것은, 가능한 한 많은 사람들이 원하는 상품을 팔았기 때문이다. 항공업은 매우 이질적인 세계로, 그것도 가장 신속하게 이동할 수 있는 역량을 판다.

이렇게 저렴해진 항공권 덕에 큰 변화를 겪은 곳이 제주도다. 제주항공의 등장 이후 제주공항

의 승객은 매년 10% 가까이 늘어 10년 만에 2.5배
가 되었다.(김포~제주 노선 기준) 늘어나는 항공객
과 함께 인구가 늘고, 물론 차도 늘었다. 제주도에
서는 2017년 이후 사업용 승용차의 주행거리가 비
사업용 승용차의 주행거리보다 길다.[26] 제주 도로
에 돌아다니는 승용차 가운데 아무거나 하나 뽑아
보면 관광객 렌터카일 가능성이 더 크다는 뜻이다.
유명 관광지로 모든 것이 빠져 나가 조명조차 어두
운 구제주의 여러 길목에서 내가 목도한 교통 체증
은 3분마다 활주로에 내려오는 비행기에서 쏟아져
나온 관광객들이 렌터카로 도시를 통과한 덕에 생
기는 현상이었던 셈이다. 물론 교통 기관에서 나온
온실가스 배출량도 10년 만에 2배로 늘었다. 2018
년 기준으로 제주 온실가스의 절반이 교통에서 나
온다. 아스라히 보이는 한라산에게, 그래도 나는
배를 타고 왔다고 변명하고 싶은 숫자였다.

저가 항공이 장악한 광범위한 공간에 비하면
제주는 극히 일부분일 뿐이다. 보잉 737로 도달하
는 일본, 중국, 대만, 동남아 방면 항로망을 열어 나
가면서 저가 항공은 사람들의 심성에 순응하면서

---

26   교통안전공단, 각 연도 자동차주행거리통계.

도 또한 도전했다. 순응의 내용은 한국의 경제성장으로 인해 상승한 외국에서의 구매력이다. 도전은 항공 통행은 상대적으로 가격 탄력성이 높다는 교통경제학자들의 관찰이다.[27] 항공 통행량은 같은 수준의 가격 상승에 다른 교통수단보다 빠르게 줄어든다는 뜻이다. 이에 대응해 수익을 늘리기 위해 가격을 낮춘 것이 저가 항공의 방식이었다. 더불어 저가 항공은, 기존 항공업의 경영 방식에는 도전해 영역을 넓히고 가격을 낮추어 갔다. 변두리에 있어 사용료가 저렴한 공항을 빌리는 한편 기존 항공사들이 여객기 투입을 마다하던 상대적으로 수요가 적은 노선에도 적극 진출하고, 기재(機材)의 종류를 통일해 정비 비용을 최소화하며, 이코노미석만 운영하고 기내식을 없애 서비스 필요를 줄이고, 개도국 출신 승무원을 고용해 인건비를 낮췄다.[28] 이 변

---

27   여가 통행에서 철도는 가격이 10% 오르면 수요는 15% 줄었지만 항공은 거의 20%가 줄었고, 출장 역시 철도는 가격 10% 상승에 수요 6.5% 감소가 기록된 반면 항공에서는 8%가 줄었다. 그레이엄 말라드·스테펀 글라이스터, 이번송·손의영·홍성효 옮김, 『교통경제학』(박영사, 2013).

28   국제 철도와 항공을 비교하는 다음 보고서는 항공의 강점을 명확하게 보여 준다는 점에서 참조할 가치가 있다. Steer & KWC, *Long-Distance Cross Border Passenger Rail Services*

화를 어떻게 평가하든, 그 결과는 바로 경제성장보다 극적인 항공업의 성장이다. 그리고 그럼에도 여전히 그 이동을 통해 얻을 수 있는 역량 덕분에 설렘을 주는 (온실가스와 대기의 창을 그 앞에서 언급하면 이상한 사람으로 취급받는) 경험으로 돌아와 있다.

자동차가 옭아맨 기후

이 장에서는 경부고속도로 이후 한국의 교통과 도시 개발의 장면을 살펴보았다. 이런 역사적 흐름을 통해 자동차의 지배가 한국인에게 다가왔다.

상황이 별일 없이 돌아갈 때 과거에 무슨 일이 있었는지 살펴볼 필요는 없다. 무심코 약관에 '동의'를 누르고, 그 사실을 잊어버린 채 오늘도 수많은 서비스를 사용하는 우리 모두의 모습과 마찬가지다. 역사적 과정을 거쳐, 인간의 심성과 도시의 조직, 에너지 공급망처럼 교통망을 구성하는 혼종이 일상의 자동차로 응축되어 가는 과정은 그 속의 개인에게는 명확히 지각되지 않은 채 벌어진 일이었다.

(European Commission, 2021). 특히 18~19쪽 표 3.3 참조.

하지만 상황이 바뀌어 뭔가 일이 생기면 상황의 주도권을 잡는 것은 바로 약관인 것처럼, 이미 고착화된 교통 시스템 역시 무언가 문제가 생겼을 때 비로소 존재감을 드러낸다. 에너지 가격의 변동, 주차장 부족, 사고, 주차장 규격 문제, 차량 정체, 감염병……. 이렇게 문제 상황이 생겼을 때 자동차 이동 시스템이라는 혼종은 자신의 확장과 지속을 위한 요구를 내놓는다.

오일 쇼크는 경부고속도로 개통 직후 시점의 일이었다. 국내 수치를 기준으로 1973~1981년 사이 휘발유 가격이 9배 올랐다. 같은 시기 소비자물가는 4배[29] 올라갔으므로 유가는 다른 모든 상품의 평균에 비해 2배 이상 빠르게 오른 셈이다. 서양에서는 바로 이 시기에 자동차화에 대한 회의주의가 자라났다.[30] 하지만 한국은 그대로였다. 과거 개도국 시절, 부모 세대가 강요하던 근검절약과 같은 종류의 논제로 받아들여졌던 것일까, 아니면 '행복은 자전거를 타고 온다'와 같은 방향의 변화가 아

---

29 2020년 기준 1973년 소비자 물가지수 6, 1981년 25. 한국 통계청 홈페이지.

30 이반 일리치의 『행복은 자전거를 타고 온다』, 우자와 히로후미의 『자동차의 사회적 비용』의 초판이 1974년에 출간되었다.

니라, 성장과 팽창이 필요하다는 생각이 강했던 것일까.

2022년 국제 유가는 1, 2차 오일쇼크 이후 최대 수준으로 분명 폭등했다. 그러나 바로 이런 사태에 대비해 설립한 기관인 IEA의 권고는 묵살되고 있다.[31] 예를 들어 고속도로 제한속도를 낮추는 일[32]에서는 결국 아무리 권위 있는 기관이라 해도, 혼자서는 자동차 지배에 별다른 균열을 낼 수 없다. 자동차 지배를 가능하게 하는 여러 혼종은 마치 모세혈관 같은 도로망처럼 모든 방향으로 뻗어 나가 모든 것을 옭아매고, 바로 이로 인해 지구의 온도 조절 시스템은 뒤흔들리고 있다.

---

31 IEA, "A 10-Point Plan to Cut Oil Use," *IEA*(2022. 3. 18).
32 IEA, "Net Zero by 2050," *IEA*(2021. 5), p.67에도 100km/h
   로 고속도로 제한 속도를 맞추자는 제안이 수록되어 있다.

4장

납치된
걷기 공간

1990년대 초반 인천의 구석진 동네에서 어린이들은 야구를 즐겨 했다. 아파트 뒤편 방음벽이 홈런 기준이었다. 가끔 홈런이 나오면 멀리 도망간 공을 찾아 벽 너머로 가곤 했다.

방음벽 뒤편에는 산업 도로가 있었다. 새까만 타이어·아스팔트·석탄 분진이 가득한 인천제철 인근 도로의 한가운데로 홈런 공이 넘어가는 구조였다. 각자 공이 한두 개밖에 없었으므로 찾아야 했다. 나와 친구들은 우리 키만 한 타이어는 아랑곳없이 정체에 갇힌 차량 사이로 뛰어들었다. 트레일러 밑에서 시꺼멓게 먼지를 뒤집어쓴 공을 꺼내 다시 야구를 하던 것이 그때의 일상이었다.

지금 생각하니 '민식이법'에 대한 일부 운전자

들의 불만보다도 당황스러운 상황이다. 승용차도 아니고, 사각지대가 차량 주변 곳곳에 있어 지금도 사상사고가 잦은 트레일러 밑에 뛰어들다니. 이런 곳에서 우리가 놀았던 이유는 다른 공터에서 모두 쫓겨났기 때문이다.

처음 동네 친구들이 골랐던 장소는 태풍이 불어 담장이 무너진 테니스장이었다. 초등 저학년이 뛰어놀기에 아주 알맞은 크기였다. 얼마 지나지 않아 테니스장을 차량이 점차 점령하기 시작했다. 차주들이 나와서 우리와 경비 직원에게 거칠게 항의했다. 이놈들이 여기에서 야구를 하면 주차한 차량이 부서지지 않느냐? 다른 데로 쫓아내라. 테니스공을 쓰니 쉽게 깨지는 않을 것이라고 항의도 했었지만, 아이들이 힘이 있을 리 없다. 곳곳을 전전하다 겨우 찾은 곳이 바로 이 산업도로 옆 방음벽 아래였다. 얼마 지나지 않아 테니스장에는 아스팔트가 부어지고, 하얀 주차선이 그어져 주차장으로 변했다.

이 장에서 나는 이 어두운 어린 시절 경험의 조건을 개념화해서 이동의 위기에 대응할 길을 찾으려고 한다. 내 기억은 단순히 과거의 파편이 아니라 자동차가 도시를 지배해 온 증거로 활용된다.

동시에 자동차가 지배하지 못하는 삶의 방식도 얼마든지 있다는 것도 볼 것이다.

걷기와 만남

오늘날 뒤흔들리는 지구의 온도 조절 시스템을 다시 붙잡기 위해 무심코 동의를 눌렀던 약관을 다시 열어 보자. 그중 무엇을 가능한 한 빠르게 변경해야 하는지, 혹시 더할 조항은 없는지 하나하나 따지면서.

약관을 뒤져 보면 자동차가 모든 것을 지배하는 와중에도 남아 있는 작은 틈새를 하나 확인할 수 있다. 우리는 건물 안에서 차를 몰지 않는다. 누구든 건물 안에서 이동하려면 차를 주차장에 세우고 내려서 움직여야 한다. 차량에서 모든 것을 할 수 있는 것처럼 구는 자동차-운전자 혼종이 널리 퍼졌다는 진단[1]이 있지만, 그럼에도 그 역시 언젠가 차량에서 내려 이동한다.[2] 산업화 이후 동력 수단을 이용한 수백 년간의 개발 속에서도 걷기가 사

---

1   존 어리, 앞의 책, 219~220쪽.
2   동력 차량에서 하차 후 이동은 논의를 압축하기 위해 걷기로 지시한다.

라진 적은 없다. 우주 정거장처럼 중력의 작용에서 벗어난 지점에서나 그 가능성이 탐구되고 있을 뿐이다.

그렇다면 걷기는 왜 이렇게 살아남아 있는가. 무엇보다 화장실에 가야만 하는 인체의 필요를 생각하지 않을 수 없다. 고속도로 휴게소에서 거의 모든 사람이 갈 수밖에 없는 장소는 화장실이다. 화장실로 가는 계단이 어떻게 되어 있든, 사람들은 사지의 근육이 전달하는 신호보다 앞서는 고통을 참으며 화장실로 달려간다. 화장실에서 나온 사람들은 다시 차량으로 돌아가야 한다. 물론 걸어서. 이렇게 걷는 당신의 눈앞에는 왁자지껄한 수많은 상점들이 보일 것이다. 주머니가 가벼워 일반 고속버스를 탄 빈털터리 청년이든, 부를 거머쥐고 자신의 팀이 탑승한 밴을 몰고 다니는 기업가든 모두가 상점 앞을 지난다. 그리고 모두가 이 앞에서 만난다. '만남의 광장'이라는 휴게소 이름처럼.

건물 내부에 들어서 있는 모든 만남의 공간으로 갈 때에도 이동의 방법은 걷기로 바뀌어야 한다. 회의장에, 식당에, 강의실에, 카페에, 경기장에, 연구실에, 제조업 공장이라도, 당신이 차를 아무리 사랑하더라도 당신은 차량에서 내려야 한다. 이들 공간 모두는 사람들이 차량으로 무장하지 않은 채 맨몸으로 서로를 마주 보도록 설계되어 있기 때문이다.

이동 속도가 0이거나 아주 느릴 때 비로소 당신은 자신의 이동이 아닌 다른 것에 주의를 기울일 수 있다. 바로 이렇게 인지적 여유가 있는 조건 아래에서 만남은 가능하다. 바쁜 걸음을 잠시 멈추고 새로 생긴 간판을 건너다보고, 상점 진열을 들여다보는 작은 틈새에서 일어나는 일이다.

만남에서 창발하는 것들

사람들이 이렇게 만나는 장소들의 집합이 바로 도시다. 사람들은 만남의 기회를 노리고 도시로 모여든다. 이렇게 사람들의 손에 들어온 만남의 기회는 물론 각자의 이익을 위해 사용된다. 화장실에 가기 위해, 직장에 출근하기 위해, 수업을 듣기 위해, 가족이나 친구를 만나기 위해, 행사에 참석하기 위해, 관광지를 즐기기 위해, 이들에게 물건을 팔기 위해, 아니면 그저 지나가는 사람들을 구경하기 위해……

가장 한가해 보이는 사람들에 조명을 비춰 보

자. 카페든 벤치든 너럭바위 같은 곳이든, 바깥이 잘 보이는 곳에서 사람들을 보는 구경꾼. 해변이든 도시 한복판의 광장이든 산속이든, 길에 사람들이 많이 다녀야 구경거리도 더 많아진다. 걷는 사람이 없어 한산한 길거리보다는 수많은 사람들이 걷는 복잡한 길거리가 훨씬 더 재미있는 법이다. 이렇게 활기찬 거리에서 산보하는 사람들 역시 가게에 앉아 있는 사람들을 구경하게 된다. 서로가 서로에게 구경거리가 되는 이 상황. 경제학자들이 좋아하는 말을 빌리자면 거리를 걷는 사람들, 거리를 바라보는 사람들 자체가 다른 사람들에게 긍정적 외부효과를 가지는 셈이다. 이 말은 이런 의미다. 구경꾼과 산보객은 단순히 자신의 이익만을 위해 움직인다. 그렇게 한 결과, 자신이 아닌 다른 사람들에도 이익이 발생한다. 이렇게 원래 의도했던 범위를 넘는 이익이 창발하는 현상이 바로 긍정적 외부효과다.

이제 구경꾼보다 책임이 더 큰 사람들에게도 조명을 비춰 보자. 구경꾼들을 끌어들이기 위해 문을 열고 있는 가게 사장들은 자신의 가게 주변에 사람들이 많을수록 더 큰 이익을 얻는다. 줄을 서서 기다리는 손님들은 잘나가는 가게의 징표다. 그런데 이렇게 사람들이 자신들의 가게 주변에 머물게 하려면, 길과 주변 환경을 잘 정비해 두어야 한다. 주변을 지나가다가, 가게를 찾아오다가, 입장을 기다리다가 불쾌한 경험을 한다면 손님들이 다시 찾아올 이유는 없기 때문이다. 가게 주인들은 길에 쌓인 눈을 치우고, 쓰레기가 무질서하게 널브러져 있지 않도록 정리하며, 소란을 피우는 불량배가 있다면 이들을 저지하고 쫓아내야 한다. 구경꾼들과 산보객들은 이런 질서가 없다면 나타나지 않는 예민한 존재다.

구경꾼과 산보객에게 외부효과라는 말을 도입했으니, 가게 주인들이 해야 할 일에도 똑같이 외부효과라는 말을 사용해 보자. 이들은 거리 주변에서 무심코, 또는 악의를 가지고 벌어지는 여러 일들 때문에 생기는 부정적 외부효과를 억제해야 한다. 부정적 외부효과란 자신의 이익만을 위해 움직인 결과 다른 사람들에게 예기치 못한 손실이 벌어지는 상황을 뜻한다. 쓰레기를 함부로 버리거나, 불량배를 퇴치하지 못해 구경꾼들과 산보객이 사라지고, 그에 맞춰 주변 가게의 매출 또한 떨어지면 바로 이러한 부정적 외부효과가 구현된 것이다.

그렇다면 가게 주인들, 그리고 구경꾼과 산보

객 모두가 원하는 것을 이렇게 요약할 수 있다. 온 갖 종류의 부정적 외부효과를 억제하는 한편, 긍정적 외부효과는 촉진하는 것. 이런 조건이 만족될 때에만 도시는 당신에게 즐거움과 활기를 전하는 공간이 될 수 있다. 그렇지 않다면, 도시는 더럽고 물리적 공격까지 빈번하게 발생하는 난잡하고 위험한 공간으로 전락하고 말 것이다.

이런 상황을 막기 위한 유일한 방법은 부정적 외부효과를 유발하는 자에게는 그에 상응하는 비용을 물리고, 긍정적 외부효과를 유발하는 자에게는 그에 상응하는 인센티브를 주는 일이다. 그렇지만 이런 교환 작업은 자동으로 이루어지지 않는다. 그렇지만 부정적 외부효과를 유발할 정도로 무신경하거나 악의를 가진 사람들이 이런 비용을 순순히 낼 리는 없다. 인센티브를 지급하기 위해 필요한 자원 역시 쉽게 모일 리 없다. 무신경하거나 악의를 가져 부정적 외부효과를 부르는 사람에게 부담을 지우고, 이렇게 모인 자원을 긍정적 외부효과를 부르는 사람들에게 다시 주는 것이 각지의 도시를 관리하는 지방 정부, 경찰과 같은 공권력의 일이라고 볼 수 있다. 화장실을 정비하고, 걷기 편하게 도보를 정비하며, 쓰레기를 치우는 한편, 불량배를 위압하는 일. 이렇게 투입되는 사회적 자원에 더해 긍정적 외부효과를 유발할 수 있는 몇 가지 시설들(공원, 광장, 수변 공간, 예술작품 등)을 더 마련하는 데 들어가는 자원을 구경꾼과 산보객이 내놓는 긍정적 외부효과에 대한 인센티브로 보자.

도시는 포기할 수 없다

지금까지의 논의는 모든 도시민의 명백한 상식이다. 그렇다면 나는 왜 이렇게 상식을 다시 반복해 문장으로 옮기고 있는가. 이것은 이동의 위기를 극복할 실마리를 결국 도시의 삶 속에서 찾을 수 있다고 생각하기 때문이다.

오늘의 교통은 도시를 전제로 한다. 이동의 위기를 불러오는 역설적 과정, 즉 더 많은 이동으로 인해 늘어나는 온실가스 때문에 길 자체가 무너지는 사태를 막으려면 사람들이 그렇게 이동을 선택하는 이유를 살펴보아야 한다. 그리고 그 가운데 어떤 부분을 그대로 받아들여야 하는지, 어떤 부분은 애써 극복해야 하는지를 말할 수 있어야 한다.

위기 앞에서는 급진적 방책 역시 말이 될 수 있다. 사람들이 기후위기를 가속시킬 정도로 이동하는 이유가 도시의 삶 때문이라면, 도시 그 자체를 해산하고 통제된 삶으로, 아니면 소농과 로컬의 삶으로 돌아가면 되지 않을까? 『노자』의 소국과민(小國寡民)이라는 말처럼, 작고 제한된 사회가 오히려 유토피아에 가깝다는 주장은 문명의 발전에 대항하는 자연스러운 반론이다. 그렇지만 이런 반론은 실제 동조자는 얻기 어려운 논리적 가능성일 뿐이라고 나는 생각한다. 결국 도시는 포기할 수 없다.

이를 뒷받침하는 소극적 논거로, 도시화된 인구의 규모와 도시화 속도를 들 수 있다. 선진국에서는 2020년대 전 인구의 80~90%가 (미국식의 저밀도 교외이든, 동아시아의 초고밀도 도시이든) 도시화된 지역에 살면서 농림축산업이 아닌 일에 종사하고 있다. 이들을 해산시켜 도시화율을 낮추는 일은 합의를 얻기 어렵다. 더불어 개도국에서는 도표 1에서 보듯 사상 최대의 도시화가 진행 중이다. 개도국 도시에서는 매년 한반도 인구(약 7500만 명)만큼, 매일 강릉시 인구(약 20만 명)만큼 인구가 늘어난다. 도시화의 물결로 인해 2007년 시점에 인류 전체의 인구 가운데 도시에서 사는 인구가 농촌에 사는 인구보다 더 많아졌다. 개도국 거대도시의 판

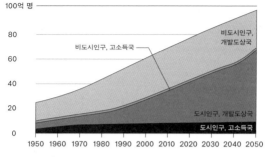

100억 명

80

60

40

20

0

1950 1960 1970 1980 1990 2000 2010 2020 2030 2040 2050

비도시인구,
개발도상국

비도시인구, 고소득국

도시인구, 개발도상국

도시인구, 고소득국

〔도표 1〕 세계 도시 인구의 추이, 1950~2050[3]

자촌에 살고 있는 도시 빈민들 상당수가 스스로 판단해서 도시로 옮겨 온 사람들이다. 이번 세기, 아마도 다음 세기까지 인류는 도시에 사는 종족일 것이라는 일종의 예정된 미래를 바꾸기는 어렵다. 기후위기로 인한 파국이 없다는 조건에서 말이다.

또한 적극적 논거로, 개개인이 도시에서 얻는 이익 옆에 있는 긍정적 외부효과를 들 수 있다. 구경꾼과 산보객의 예가 사소해 보인다면, 도시에서

---

3   UN 인구국의 세계 도시화 전망(World Urbanization Prospects)에서, '도시'의 의미는 각국마다 다르지만, 읍이나 동 지역이며 농축수산업이 주된 산업이 아닌 지역이라면 도시화된 지역으로 본다는 한국의 기준이 특별한 것은 아니다. 다음 링크를 참조. https://population.un.org/wup/Download/

확인할 수 있는 규모의 경제 일반의 크기를 측정한 통계물리학자들의 작업을 보자. 이들에 따르면, 인구가 2의 1승 증가할 때마다 도시의 긍정적 특징과 부정적 특징 모두 2의 1.15승씩 증가했다.[4] 이 가운데 긍정적 특징의 지수적 증대는 확대하고, 부정적 특징의 지수적 증대는 억제하고자 한다면 우리 모두가 머리를 맞대고 지혜를 짜낼 수밖에 없다. 이렇게 함께 아이디어를 끌어내기에 가장 좋은 장소가 도시라는 점에 대해서는 다양한 경험적 증거가 누적되고 있다.[5]

소극적 논거를 현실적으로 부인할 수 있는 사람은 없을 것이다. 반면 적극적 논거는 논쟁적이다. 인류의 지혜에 대한 기대가 실제로 만족되지 않는다면, 이는 헛된 기대로 미래를 전망하는 소망 사고에 불과하기 때문이다. 이런 우려에 대해 경험적 증거는 불완전한 답만을 줄 수 있다. 교통 부분 온실가스 배출량이 결국 낮은 것은 대도시이고, 실제

---

4   제프리 웨스트, 이한음 옮김, 『스케일』(김영사, 2018), 374~390쪽.

5   물론 동전의 양면으로 계층별 분리가 일어난다. 미국의 사례로 다음 책 참조. 리처드 플로리다, 안종희 옮김, 『도시는 왜 불평등한가』(매일경제신문사, 2018), 3장 '엘리트의 도시'.

로 기술 개발을 주도해 온 것 역시 대도시다. 따라서 대도시에서 나온 기술로 탄소 배출량을 0으로 만들 기술적, 사회적 전환이 일어날 것이라고 전망할 수는 있다. 그러나 도시화가 개인의 물질적 욕구 수준을 높여 식량 수요를 늘리고 산업과 건물 분야의 배출 또한 촉진한다면, 이로 인해 교통 분야에서 줄어든 배출을 상쇄할 것이다.

물론 소극적 논거가 제시하는 수십억 명의 삶의 무게만으로도 도시와 도시 사이의 교통을 포기할 수 없다는 결단을 내리기 충분할 것이다. 그러나 이렇게 소극적인 논거만으로 만족할 수 없다면, 그리고 적극적인 논거로 사용된 경험적 정보들이 여전히 불충분하다면, 나는 앞에서 사소한 것처럼 취급했던 적극적 논거의 함축을 다시 돌아보지 않을 수 없다고 생각한다. 이 적극적 논거는 자신의 이익으로 환원되지 않지만 다른 사람들에게는 이익이 되는 무언가 일정한 질서가 창발하는 장소로 도시를 보자고 제안한다. 이렇게 창발된 질서의 의미는 무엇일까?

칸트는 『판단력비판』에서 무언가가 아름답다는 판단과 숭고하다는 판단은 사람들에게 그보다 고양된 윤리적 판단을 내리게 만드는 준비 운동과 같다고 보았다.[6] 도시에서 창발되는 질서를 미나 숭고의 자리에, 기후위기를 윤리적 판단의 자리에 집어넣어 보자. 각자가 자신의 이익을 위해 움직이기 때문에 나타나지만, 그 자신의 이익으로 환원되지 않는다는 의미인 창발된 질서는 지구 가열이라는 문제를 해결하기 위해서도 필요하다. 대부분의 사람들은 자신에게 이익이 되는 일을 하고 싶어하고, 이를 위해 분주하게 움직인다는 사실은 인간이 사회를 이루어 할 수 있는 모든 것의 기반이다.

좀 더 최근의 진단 또한 곱씹을 가치가 있다. 오스트리아의 철학자 이졸데 카림은 독일어권의 마을 내부 골목길에 도입된 '만남 구역'에 주목한다. 도로교통법, 신호등, 교통경찰 등에 의해 작동하는 대로와 달리, 만남 구역에서는 "일반적인 속도 제한 이외에는 규정, 교통 표지판, 신호등이 거의 없"다. 교통은 참여자 스스로의 판단에 의해 관리된다. 여기에서 함부로 가속 페달을 밟지 않으려면 "교통 참여자들은 배려와 주의의 원칙 그리고

6 "미적인 것은 어떤 것을 …… 우리들의 이해관심을 거슬러 사랑하도록 우리를 준비시키고, 숭고한 것은 그것을 우리들의 이해관심을 거슬러 존중하도록 준비시킨다." 임마누엘 칸트, 백종현 옮김, 『판단력비판』(아카넷, 2009), 280쪽.

함께라는 원칙"을 내면화해야만 한다.[7] 이러한 원칙은 차를 탄 사람보다는 걷는 사람이 많은 골목길의 리듬을 존중하기 위한 것이다. 각자의 길을 가는 다양한 사람들이 주변 사람들이 삶을 살아가는 속도를 침해하지 않기 위한 조건이 이 만남 구역이다.

소국과민의 세상은 서로 보일 만큼 가까이 있어도 평생 만날 일이 없게 만드는 방식으로 서로를 존중하게 만든다. 반면 만남 구역은 커다란 차량과 작은 아이들이 서로 만나더라도 서로의 삶을 존중하도록 만드는 무대다. 이 무대가 계속해서 필요하다고 생각한다면, 기후위기 속에서도 우리는 도시를 포기할 수 없다.

---

7   이졸데 카림, 이승희 옮김, 『나와 타자들』(민음사, 2019), 228~229쪽.

과소하지도, 과밀하지도 않은

하지만 기후위기 시대의 도시에서 지금의 모든 것이 그대로 유지되어도 좋다고 볼 수는 없다. 2022년의 제도는 현존하거나 약 30~40년 뒤의 근미래에 지속될 것으로 예상되는 이용객의 소요 시간을 줄여 주는 길이 곧 좋은 길이라고 주장한다. 그러나 이 이동 자체가 과도하지 않은지 묻는 변화 요구도 소리를 높인다. 누구의 손을 들어줄 것인가?

아주 평범한 사실에서 출발해 보자. 만남의 장소로 도시를 활용하는 사람이 없다면 도시는 더 이상 도시로 작용하지 못한다. 사람 없는 도시는 그저 건조물 집합일 뿐이다. 한편 너무 많은 사람들이 또는 차량이 몰려 제대로 접근할 수 없다면 이역시 만남의 장소로 활용하기는 어려운 장소다. 과소 장소와 과밀 장소는 이렇게 사람들과 그 사이의 작용 밀도를 통해 규정할 수 있다. 사람들의 상호작용을 통해 긍정적인 외부효과가 사실상 발생하지 않는 곳을 과소 장소로, 사람들의 활동으로 인한 부정적인 외부효과가 발생하는 곳을 과밀 장소로 보면 일단 충분해 보인다.[8]

도시는 과소 장소도, 과밀 장소도 아닌 적정

수준의 밀도 속에서 가장 번창할 것이다. 사람들 사이에서 창발하는 긍정적 외부효과는 최대가 되고, 부정적 외부효과는 최소가 되는 밀도가 만남이 이어질 수 있는 도시의 조건이다.

만남이 쉼 없이 이어지는 공간의 대표가 바로 대도시의 도심이다. 정보 기술의 확대는 물론, 코로나19를 거치며 재택근무까지 일반화되며 대도시와 도심이 꼭 필요한 것인지 의문이 확대되었다. 하지만 감염병이 물러나자 지난 수십 년간 정보 기술의 확대 속에서 확인된 사실이 다시 모습을 드러냈다. 도심, 도시의 중심부라는 말은 빈말이 아니다. 2020년 봄의 을씨년스러운 명동을 기억하는가? 2022년 가을 세계 각지에서 운집한 인파의 역동적 에너지가 끓어넘치는 명동의 모습은 결코 대체할 수 없는 대도시 도심의 힘을 목격하게 했다.

IT 산업 본사는 어디에 있어도 상관없을 것 같다. 그렇지만 "실제 재택근무자보다는 재택근무를 연구하는 사람들이 더 많다."[9]라는 1988년의 농

---

8 이런 이론적 개념은 조작적 개념(operational concept)을 통해 실제와 연결되어야 실제 도시와 교통을 바꿀 수 있다. 그럼에도 이런 이론적 개념을 내놓는 것은 실제에서 무엇을 찾아내야 하는지에 대한 하나의 작업 지침을 제안하기 위해서다.

담과 2022년의 현실은 아직 거리가 멀지 않다. 이들 산업의 주요 사무실들은 여전히 상당수가 대도시 도심에 모여 있다. 샌프란시스코, 런던, 상하이, 서울 등. 특히 판교 같은 곳에 IT 산업의 본사가 이렇게 모여 있는 이유는, 서로 좀 더 쉽게 만나기 위해서이다. 커피를 마시다가, 엘리베이터를 기다리다가, 심지어 화장실 앞에서 마주쳐 나누는 잡담이 생산성을 높일 새로운 아이디어로 연결되기도 한다. 인간관계라는 윤활유를 통해 공감대를 만들고 일을 쉽게 처리하려면 줌(Zoom)과 같은 화상 회의 도구로는 부족하다. 화상 도구는 아직은 오프라인의 보완재라는 평가가 점점 누적되고 있다.

이들 대도시 도심이 제공하는 일자리 시장은 인생 계획을 효율적으로 짜는 데 도움이 된다. 전문직 맞벌이 부부, 가령 개발자 여성, 디자이너 남성 부부가 있다고 하자. 이들 부부 모두가 커리어를 쌓아 나갈 수 있는 도시는 IT 산업과 디자인 산업의 인력 공급과 수요가 모두 높은 도시다. 판매자와 구매자가 모두 많은 시장을 두꺼운 시장이라

---

9   마누엘 카스텔, 김묵한·박행웅·오은주 옮김, 『네트워크 사회의 도래』(한울, 2003), 515~516쪽.

고 한다. 만일 한쪽 시장이 형편없어 두꺼운 노동시장이 형성되어 있지 않은 도시라면, 이들 부부는 그 도시에서 머물 수 없을 것이다.[10] 이렇게 두꺼운 일자리 시장이 있으려면 대체할 수 없는 복잡한 공급망과 역사가 누적된 도심이, 다시 말해 사람들 사이에서 창발하는 긍정적 외부효과가 가득한 공간이 필요하다.

게다가 이런 도심이 어떻게 정보화되든, 정보화는 누군가 출근해 돌봐야 하는 데이터 센터가 물적 기반이 된다. 2022년 10월 15일 거대 플랫폼 기업 카카오의 데이터 센터에서 화재가 있었다. 화재 여파로 카카오의 플랫폼에 의존하던 일상과 업무가 일순간 멈췄고, 이후 사태 수습까지 거의 1주일이 걸렸다. 재택근무를 통해 물건을 판매하는 이들은 판교에 밀집한 빌딩, 그 속의 데이터 센터와 이를 유지하는 개발 인원 없이는 유지될 수 없다. 이들이 늘어날수록, 도심과 이곳에 모인 회사의 생산성을 높이기 위한 생산자 서비스 역시 증식한다.

물론 도심은 다른 지역에 비해서는 극히 높은

---

10 엔리코 모레티, 송철복 옮김, 『직업의 지리학』(김영사, 2014), 196~197쪽.

밀도로, 그리고 이렇게 높은 밀도가 소도시 하나는 들어갈 정도로 넓은 면적에 걸쳐 유지되는 공간이다. 나는 하나의 아이디어만은 이 공간에서 건져 올리고 싶다. 모든 동네에는 규모가 어떻든 중심지가 있다. 그리고 이 중심지는 주변의 주거지보다 사람들이 더 몰려든다. 물건을 팔기 위한 상인들의 몸짓, 치킨을 튀기는 기름 냄새, 가볍게 맥주를 마시는 사람들의 떠들썩한 소리…… 일상의 허기를, 관계의 욕구를 채울 양식이 이들 조그마한 중심지마다 모여 있다. 이 중심지의 모습 속에서 도시가 과소해져 황폐해지지 않도록 만드는 비밀을 추적해 보자.

대도시의 삶

중심지는 땅에서 자라나지 않는다. 누군가 활동하지 않으면 중심지는 유지되지 않는다. 하지만 사람의 힘은 아주 비싼 것이다. 사람이 어떤 일에 전념하게 만들기 위해서는 꽤 많은 돈이 필요하다. 따라서 중심지의 질서를 지키는 일에 전념하도록 만들 수 있는 경찰이든 지방 공무원이든 그 수를 무한정 늘릴 수는 없다. 도시 곳곳에 수많은 빈틈이 발생할 수밖에 없다는 뜻이다. 그렇다면 이 틈을 메워 도시를 쾌적하고 안전하게 유지하기 위해서는 시민 모두가 참여하는 자발적인 질서가 무엇보다 필수적이다.

이 자발적인 질서를 발동시키려면, 일정한 조건이 만족되고 이들 조건이 아귀를 맞추어 돌아가야 한다. 이 조건을 이루는 여러 존재자를 구성하는 인과적 연결 사슬 전체를 메커니즘(mechanism)이라고 부르자. 마치 여러 부품의 연동 관계가 하나의 차량을 이루듯, 이동과 도시를 이루는 존재자 사이의 인과적 사슬이 기계장치처럼 작용할 수 있다는 뜻이다. 차량이 언제나 고장 날 수 있듯, 메커니즘 역시 늘 같은 방식으로 작동하지는 않을 것이다. 하지만 제대로 조립되고 정비된 차량은 대부분의 경우 구동 절차를 지키면 움직일 것이라고 믿을 수 있듯, 시민들과 도시 그리고 교통망이 일정한 구조를 이룬다면, 이 구조는 시민들 사이의 자발적 질서같이 우리가 원하는 결과를 높은 확률로 달성하는 메커니즘으로 작용할 수 있을 것이다.

이 메커니즘의 후보 가운데 유력한 것이 있다. 대도시 시민들 사이의 자발적 질서가 어떤 조건에서 형성되어 과소지도, 과밀하지도 않은 도시라는

결과에 이르게 되는지 보여 주는 제이콥스 메커니즘
이다. 이 메커니즘의 출발점은 동네의 작은 중심지
에서 이루어지는 사람들 사이의 가벼운 만남이다.

> 도시 거리의 신뢰는 공공 보도에서 이루어지는 작
> 은 접촉들이 시간의 흐름 속에서 쌓이고 쌓이면서
> 형성된다. 이런 신뢰는 맥주 한잔 하러 술집에 들르
> 고, 식품점 주인에게 조언을 듣고, 신문 판매점 주
> 인에게 조언을 해 주고, 제과점의 다른 손님들과 의
> 견을 견주어 보면서 입구 계단에서 청량음료를 마시
> 는 남자애 둘에게 인사를 건네고, 저녁 먹으라는 소
> 리를 기다리면서 여자애들을 유심히 쳐다보고, 아
> 이들을 따끔히 가르치고, 철물점 주인에게서 어떤
> 일에 관해 들으면서 약국 주인에게 1달러를 빌리고,
> 새로 태어난 아기들을 칭찬하면서 외투가 색이 바
> 랜다고 입을 모으는 사람들에게서 생겨난다.[11]

『미국 대도시의 죽음과 삶』에서 묘사하는 거
리의 안전과 활기는 이렇게 대화하면서 거리 주변

---

11   제인 제이콥스, 유강은 옮김, 『미국 대도시의 죽음과 삶』(그린
      비, 2010), 89쪽.

에 머무르는 다양한 사람들의 서로에 대한 느슨한 관심이다. 사람들은 무언가 눈에 띄는 사람이 곤란에 처하지는 않았는지, 도움을 필요로 하는 것이 무엇인지는 살펴보지만, 그의 사적인 목적에 대해서는 별다른 관심을 기울이지 않는다. 이러한 관심을 유지하는 사람들 가운데 상당수는 노변에 상가를 낸 상인이거나 주변 주민일 것이다. 이들이 생계를 유지하기 위해서는 걷는 사람이 충분한 숫자여야 하고, 더불어 인구학적으로 다양성이 가능한 한 폭이 넓어야만 한다. 이러한 조건이 만족된 동네의 작은 중심지는 적정한 수준의 밀도를 유지하면서 사람들의 삶에 활기를 더하게 될 것이다.

제인 제이콥스는 이런 메커니즘이 하나의 거리에서 실제로 발동하려면 그 거리는 다음 네 조건을 만족하는 구조를 갖춰야 한다고 밝힌다. (1) 다양한 사람들이 모여들 수 있도록 가로 주변에 생활에 꼭 필요한 다양한 용도의 건물들이 집결해야 한다. (2) 블록의 길이가 가능한 한 짧아서 행인들이 쉽게 방향을 바꾸어 거리를 유연하게 활용할 가능성의 폭을 넓혀야 한다. (3) 가게의 다양성 증대를 촉진하기 위해 건축물의 연식 등 건물의 가치를 결정하는 요소가 다양하게 분포해야 한다. (4) 이

러한 모든 조건의 전제 조건으로 활동 인구 밀도가 적당한 수준으로 유지되어야 한다.[12]

제이콥스 메커니즘이 현실에서 돌아가는 가장 전형적인 장소가 자동차 시대 이전에 형성된 거리가 있는 역과 버스 정류장 주변이라는 생각이 들었다. 같은 서울 외곽이나 경기도라도 1970년대에 구조가 형성된 1호선 광역철도 역은 분당선, 일산선, 과천안산선 등 신도시 철도역과 다르다. 사람들이 계속해서 모였다가 흩어지는 이런 곳은 동네 청소년과 젊은이들이 많이 모여 '어슬렁거린다.' 마트나 정육점, 오래된 빵집부터 이른바 노포 식당, 나아가 클럽에 이르는 다종다양한 상점이 존재하는 이 거리는 아침 출근 시간부터 저녁 시간까지 걷는 사람들로 활기가 끊이지 않는다. 오래된 동네라 노인들 비중도 낮지 않으니 인구학적으로도 다양한 편이다. 수도권에서는 중산층 중장년도 흔하게 섞여 있다면, 비수도권 특히 중소 도시에서는 중장년층이 드물어지고, 서울 시계 밖으로 나가면 동남아시아인이나 중앙아시아인들이 역전을 차지한 경우가 많다는 차이는 있지만 말이다.

12   위의 책, 2부 '도시 다양성의 조건들' 참고.

그럼 왜 역과 정류장은 제이콥스 메커니즘이 발동되는 지점일까? 역과 정류장 주변은 승용차 교통의 인터체인지, 휴게소나 공항 터미널보다 사람들의 밀도도, 건물과 용도의 복합성도 높다. 보행로 역시 공간 주변에 널리 퍼져 있다. 주변 시가지의 역사가 오래되어 자동차화 이전에 구성된 경우가 많은 데다, 사람들이 역과 광장을 걸어서 빠져나가는 경우가 많기 때문이다. 이곳을 도시의 얼굴이라고 여겨 잠시 멈추어 '인증샷'을 남기는 사람들이 적지 않다.

이것은 차량에 탄 채로 순식간에 지나쳐 가는 톨게이트 출입 시간보다, 열차 승객이 역 주변에 머무는 시간이 더 길어서 일어나는 일이다. 역에서 사람들은 일종의 전환을 겪는다. 열차나 버스에 실려 오다가 다시 자기 발로 움직이기 시작하는 지점이기 때문이다. 직전까지와는 다른 새로운 공간에서, 자신의 의지로 새로운 행동을 시작하는 지점. 이것이 바로 사람들이 역을 특별한 공간이라고 생각하는 이유일 것이다. 이동 방법을 전환하는 공간인 역, 그리고 이 전환을 실현하는 걷기. 바로 이속에서 제이콥스 메커니즘은 자연스럽게 현실에 구현될 수 있다.

대도시의 죽음

자동차 지배 공간은 반대 결과를 내놓는다. 자동차 지배 공간에서, 교통로에서 나온 사람들을 만남의 공간으로 연결하는 공간은 주차장이다. 그런데 주차장은 지하에 있거나 황량한 공터에 가깝다. 사람들은 지하에서 엘리베이터를 타거나, 지상의 광활한 주차장에서 도로나 보도를 걸어 목적지로 향한다. 인증샷을 찍을 만한 장소 역시 마땅치는 않다. 승용차 이용자 역시 이동 수단을 바꾸어 짤막하게 걷지만, 이들의 걸음은 건물 내부나 거대한 공터를 배경으로 할 따름이다. 그 거리는 최대한 짧아야 한다.

이런 결론이 너무 섣부른 것이 아닌지 시험해 보자. 차량에도 사람이 타고 있다. 차량을 천천히 몰아 도심의 길을 지나는 사람들에 의해 제이콥스 메커니즘이 발동할 수도 있는 것이 아닐까? 아쉽게도 여기에 답할 만한 명확한 실험을 확인하기는 어렵지만 몇 가지 메커니즘 설명만은 제시할 수 있다.

첫째, 보행자 흐름과 차량 흐름은 밀도 차이가 지수적이다. 사람이든 차량이든, 이동하는 단위 입자는 앞서 이동하는 단위 입자가 갑자기 정지했을 때 추돌하지 않을 만큼 거리를 벌려야 한다. 4km/h로 움직이는 보행자는 1m 내에서 정지할 수 있다. 반면 10km/h로 서행하는 차량은 이렇게 느리게 달리더라도 브레이크를 밟은 뒤 정지할 때까지 3~4m가량 더 움직인다. 사람의 두께는 아무리 두꺼워도 1m가 넘지 않지만, 차량의 길이는 아무리 작아도 3~4m 수준이다. 옆으로 사람과 부딪히지 않으려면 실제로 사람의 세 배 이상 폭이 필요하다. 이렇게 정지 거리가 세 배, 단위 입자의 크기는 예닐곱 배라면, 차량 한 대가 도심지를 천천히 이동하기 위해서는 보행자 한 사람보다 20배 이상의 공간을 차지해야 하는 셈이다.

둘째, 보행자와 차량 사이의 속도 차이도 문제다. 자전거조차 위에서 든 10km/h보다 느리게 움직이는 것이 쉽지 않다. 이는 보행자와 차량이 뒤섞인 교통 흐름은 결국 서로를 짜증스럽게 하고 만다는 뜻이다. 서로 속도가 비슷한 단위 입자끼리다녀야 교통 흐름을 서로 방해하지 않을 수 있다. 이는 보행자와 차량을 분리해야 하는 중요한 이유이다.

셋째, 보행자는 차량을 제어할 필요가 없지만, 운전자는 자신의 몸과 차량을 모두 제어해야 한다.

이로 인해 운전자의 주의력은 분산될 수 있다. 게다가 차량에게는 사람만큼 정교하게 작업을 수행할 수 있는 팔과 손, 다리가 없으므로 주변을 조작하는 작업을 차에서 내리지 않고 수행하기는 어렵다. 더불어 차량 안에서 인간은 앉아 있지만, 보행자는 다양한 자세를 취할 수 있어 순식간에 여러 행동을 오갈 수 있다. 이것은 운전자는 자신의 차량에 집중을 해야 하는 반면, 보행자는 그에 비해 산만하게 움직여도 무방하다는 말이다.

결국 이런 뜻이다. 보행자의 흐름에 비해 차량 흐름은 사람 밀도가 낮다. 게다가 차량 흐름과 보행자의 흐름은 서로의 속도 차이 때문에 같은 공간에서 어울리기 어렵고, 차량에 탄 사람들의 행동 전환 역량은 보행자에 비해 떨어지게 마련이다. 첫째 조건 때문에, 차량에 타고 있는 사람들은 제이콥스 메커니즘을 발동시키기에는 서로 멀리 있고, 거리의 다른 사람들과도 멀리 떨어져 있게 된다. 둘째 조건 때문에, 차량을 탄 사람들 사이의 제이콥스 메커니즘은 보행자들과는 분리된 곳에서 발생할 것이다.

차량을 탄 사람들에게 온갖 물건을 파는 드라이브 스루 매장 주변의 모습을 살펴보면 느낌이 좀 더 올 것이다. 아예 국도변에 나와 있는 곳이 아니라면, 이 매장의 입구에서는 보행자와 승용차가 서로 엉키고 만다. 입구를 지나가려면 서로가 서로의 눈치를 봐야 하고, 결국 서로 멈춰야 한다. 이렇게 오도 가도 못하는 상황을 해소하기 위해 통제 직원을 쓰는 경우도 많다. 그런데 이런 통제 직원의 존재 자체가 보행자와 차량이 자연스럽게 얽히기 어려운 관계라는 점을 웅변한다. 수신호에 맞춰 서로 분리되어야 하는 이질적인 입자는 자연스럽게 만난다고 할 수 없다.

만일 차량과 보행자가 실제로 자연스럽게 얽히는 거리가 있다고 해도, 세 번째 조건을 감안하면 인간 행동의 다양성은 빈약할 것이다. 차량에 타고 지나가는 사람들이 거리 공원에서 꽃을 찾아온 나비와 눈을 마주칠 수 있을까. 부딪친 줄도 모르고 지나가지만 않는다면 다행이다. 이처럼 자동차가 지배하는 도시에서는 우리가 생각하는 만남의 공간은 찾기 어려울 것이다. 이런 조건에 놓인 대도시는 기후 파국이 없더라도 천천히 침체하면서 죽어갈 듯하다.

걷기 공간을 납치하는
자동차

오늘의 상황은 좀 더 복잡하다. 걷기는 필요한 공간이 상대적으로 작은 만큼, 도시 단위가 아닌 건축 단위의 공간 구성만으로도 상당한 규모의 걷기 공간을 만들 수 있다.

예를 들어 교외 쇼핑몰을 생각해 보자. 몰 내부의 길에서 걷는 사람에 바탕을 두고 사업을 벌이는 공간이다. 몰 내부에서는 분명 제이콥스 메커니즘이 발동하고 있는 것 같다. 하지만 이런 교외 쇼핑몰은 자동차 도로에 둘러싸여 있다. 승용차 외에 다른 교통수단은 드물고, 주변 도시 조직에서 걸어서는 다가가기 어려운 지점에 자리한다. 그렇다면 쇼핑몰이 제공하는 만남의 기회를 누리려는 사람들에게 이 몰은 자동차 이용을 강제하는 공간이 되고 만다.

조금 더 규모를 줄여서, 경치 좋은 도로변에 들어선 교외 대형 카페를 생각해 보자. 나는 이 책의 3장을 쓰던 연휴에 거제도에 방문한 적이 있다. 거제의 벼랑길은 바다 풍경을 보기에 아주 좋은 곳이다. 경치 좋은 목마다 카페가 들어서 있었다. 그렇지만 이곳은 평소에 사람이 없는 지점이니 대중 교통을 찾기는 어렵다. 승용차들이 험준한 지형 사이를 뚫고 지나는 2차선 도로를 가득 메우고 있었다. 버스로 부산에서 옥포까지 이동하는 시간의 상당 부분을 이들 사이에 갇혀 보낼 수밖에 없었다. 도저히 도로를 더 공급할 수는 없는 지형인데, 카페와 바닷가 마을이 제공하는 걷기 공간은 자동차 통행을 계속해서 부르고 있었다. 몇몇 드라이브 스루 매장의 입구에서는 이곳저곳에 대충 차량을 대놓고 걸어서 움직이는 사람들과 차량이 뒤얽히는 당혹스러운 장면까지 만났다.

걷기에 바탕을 두는 만남의 장소는 납치를 당하기도 쉽다. 자동차 이용이 유리하도록 만남의 장소를 납치하는 방식의 개발이 널리 퍼지면 퍼질수록, 사람들은 도시 속 만남의 장소를 누리기 위해 승용차에게 의존하게 될 것이다. 납치된 걷기 공간. 이러한 납치 현상이 만연한 도시일수록 승용차를 이용하는 이동 거리도 늘어날 것이고, 당연히 온실가스 배출량도 늘어날 것이다.[13]

---

13 납치가 무엇인지 조작적 정의를 주기 위해서는 아주 많은 작업이 필요해 보이지만, 이 납치가 흔하게 일어나는 도시일수록 과도한 이동 역시 많을 것이라는 가설을 세워 볼 수 있다.

이 걷기 공간의 납치가 이루어져 온 과정이 바로 3장에서 확인한 한국 현대사의 흐름이다. 이것은 단순한 감상 이상이다. 걷기 공간의 납치가 심해지고 있다고 의심하게 만드는 데이터를 확인할 수 있다. 서울의 연면적[14] 대비 승용차(택시 포함) 교통량의 경우 전통적인 도심부인 주차 1급지 지역보다 그렇지 않은 지역에서 조금 더 많았다.[15] 이 사실로부터 21세기 들어 새롭게 건설되거나 다시 개발된 부도심지는 대체로 주차장 규제가 상대적으로 약하게 적용된 상태에서 건설되었다는 결론이 나온다. (마치 동시기·2기 신도시에서처럼) 최근의 참신한 건축 기법은 자동차 교통이 납치된 걷기 공간을 확대하는 데 기여했을 것이라는 추측이 따라 나온다. 서울조차 상황이 이렇다. 서울 시계 바깥 수도권 지역과 그보다 밀도가 낮은 비수도권 지역에서 승용차에 의존하는 장소는 점점 더 늘어나고 있을 것이다.

14 건축물의 각 층 바닥 면적을 모두 합친 값. 가령 3층 건물 A의 1층 바닥 면적이 100m², 2층은 80m², 3층은 90m²이라면 A의 연면적은 270m²이다.

15 김순관·장지은, 「서울시 교통유발부담금 제도 개선방안」(서울연구원, 2017), 57쪽. 다만 해당 연구에서 언급된 1급지의 규정은 2020년 조례 개정으로 변경되었다.

걷기 공간을 자동차 지배 공간 속으로 납치해 온 행위자는 아주 다양하다. 2기 신도시를 건설한 국가와 지방정부를 지목할 수 있다. 쇼핑몰을 고속 도로에 따라 짓는 유통 대기업도 있다. 아니면 카페를, 창고를, 공장을 짓는 중소 지주나 기업도 있다. 이들 모두가 공유하는 행동 양식이 있다. 자동차 통행을 억제할 방법에 대해 별다른 고민이 없거나, 아예 조장할 동기를 가진다. 한데 뭉쳐 도로의 확대를 요구하고 이를 억제하는 여러 조건을 무너뜨리는 연합을 결성할 수도 있다. 자동차 지배를 당연하게 여기는 시민이라면, 경각심 없이 이 연합에 동조할 수 있다. 이들을 분석하기 위해 토건 연합이라는 게으른 말을 쓰고 싶지는 않다.[16] 나는 이들의 동기로 인해 망각된 원칙에 대해 이야기해야 한다고 생각한다. 이 망각된 원칙의 이름은 바로 원인자 부담의 원칙이다.

원인자 부담의 원칙의 핵심은 교통 수요를 불러온 행위자가 자신의 수요를 처리하는 데 필요한 자금을 대야만 한다는 것이다. 세금이든 도로, 주차장 이용료든 돈을 내서, 자신이 이동할 수 있게

---

16   전현우, 앞의 책, 7장 3절 3항 참조.

만드는 가능성의 공간을 확보하는 데 필요한 구매력을 책임져야 한다는 뜻이다. 이에 더해 자신의 통행으로 인해 발생하는 부정적 외부효과에 해당하는 비용을 부담해야 하고, 필요하다면 자신으로서는 창출하지 못하는 긍정적 외부효과를 증진할 수 있는 인센티브 비용까지도 부담해야 한다.

그런데 교통수단마다 원인자가 부담할 내용은 달라질 수밖에 없다. 각각의 이동 단위를 처리하는 데 필요한 길도, 탑승자가 이동 방식을 전환하는 공간의 구조도 다르므로 수요를 처리하는 데 필요한 자금의 규모부터 달라진다. 보도, 자전거, 철도, 버스, 승용차 모두가 조금씩 다른 길을 필요로 한다. 보행자는 무게가 기껏해야 100킬로그램이지만, 철도 차량은 하나의 힘점에 실리는 무게만 수십 톤, 전체 무게는 수백 톤, 나아가 화물의 경우 수천 톤에 달하기도 한다. 무게를 감당하기 위해 길의 구조는 완전히 달라져야만 하고 그에 따라 비용 또한 달라진다.

승용차는 단위 수송량당 가장 넓은 길과 주차장을 필요로 하는 수단이므로 도시 공간을 가장 많이[17] 구석구석 쓴다. 이로 인해 밀도가 떨어지고 공간이 쪼개지면 부정적 외부효과를 부른다. 한 사람당 에너지 소비량과 탄소 배출량이 가장 많고, 오염물질도 많을 수밖에 없다. 지하주차장과 엘리베이터를 오가는 동선을 구성해 육체적 움직임을 줄인다는 것도 비용으로 다가온다. 물론 울타리, 고가, 터널로 교통로를 주변과 완전히 단절하는 철도 역시 외부 비용을 발생시킨다. 심지어 보행자조차 주민들에게 소음과 방해를 가할 수 있으니, 부정적 외부효과로부터 완전히 무결한 교통이라는 것은 존재할 수 없다.

문제는 이들 외부효과에 대한 원인자 부담을 어떤 관점에 따라 설정할 것이냐는 데 있다. 초점은 결국 자동차가 되어야 한다. 자동차보다 길과 도시에 큰 변화를 가져온 수단은 없다. 기후와 에너지는 이 변화의 일부분일 뿐이다. 토지 소비는 물론, 걷기 공간을 납치해 오는 문제를 무시할 수 없다. 납치해 오기 어려운 구도심의 걷기 공간이라면 더 이상의 공적 투자를 하지 않고 서서히 쇠퇴하게 버려두거나 아예 재개발을 통해 녹여서 없애버릴 수도 있다. 무정형적 도시 확산 속에서 납치

---

17 서울에서 도로부지(80km^2)는 하천부지(53km^2)보다 면적이 넓다. 전국 차원에서도 마찬가지다.(3421km^2 : 2866km^2) 2021년 연말 국토부 지적통계에서.

공간은 더욱 일반화되어 갈 것이다. 난개발이라는 말은 이렇게 증식하는 납치 공간이 많은 사람들에게도 혼란과 비용으로 다가온다는 방증이다. 이 모든 것을 부정적 외부효과라고 본다면, 결국 외부효과를 억제할 핵심 대상은 자동차, 특히 다수인 승용차다.

자동차에 돈 물리기

승용차 교통의 외부효과에 원인자 부담의 원칙을 적용할 방법이 있어야 한다는 주장은 구호 이상이다. 한국에도 교통영향평가와 이로 인한 유발 분담금 제도라는 것이 존재한다. 이 돈은 교통 수요를 관리하기 위한 여러 조사와 투자 사업에 사용될 수 있다. 하지만 그 징수 수준은 미흡하다.[18] 서울의 경우 교통유발분담금은 1996년 이후 약 20년간 동결되었다가 2014년 조례가 개정되어 교통유발분담금이 2020년까지 순차적으로 두 배 오르기는 했다. 그러나 이러한 인상률은 25년간 일어난 소비자물

---

18   교통유발분담금에 대해서는 김순관·장지은의 2017년 연구를 기준으로 논의한다.

가지수의 상승률과 유사한 수준일 뿐이다. 각 경제 주체에 영향을 끼칠 실질적인 부담은 되지 않는다.

이것이 전부가 아니다. 도심부 혼잡통행료, 또는 나홀로 승용차에 대한 부가 요금과 같은 아이디어를 통해 원인자 부담의 원칙을 현실화해야 한다는 목소리는 한국에서도 분명 1990년대부터 계속되었으나, 큰 반향은 없다. 한국에서 혼잡통행료는 1996년 남산 1, 3호 터널에서 도입된 이후 전혀 확대되지 않았고, 그 징수액은 2022년 현재까지 2000원으로 동결된 상태다. 탄소 배출이 도시 정책의 시야 속으로 넘어오지 못했던 1990년대 중반의 정책이 25년이 지나서도 여전히 가장 급진적인 (그리고 화석화된) 정책으로 남아 있는 것이 현실이다.

이런 돈들이 보행자가 유발하는 긍정적 외부효과에 대한 인센티브로 쓰기에 충분할까? 앞서 언급한 대로 걷기 좋은 길 자체가 보행자에게 주는 인센티브라고 해석할 수 있다. 서울시는 2018년 발표된 제2차 보행안전 및 편의증진 기본계획에서 5년간 총 6400억 원 투입을 목표로 하고 있다고 밝혔다.[19] 1년에 약 1300억꼴로, 2015년 기준 교통유발분담금의 수준과 비슷한 액수다. 2020년 이후 기준(약 2400억 원 징수 예상)[20]으로도 남는 돈은

900억 원 정도다. 교통망 전체의 관점에서 이 액수는 푼돈이다. 이 돈으로 지하철을 짓는다면 한 역 연장 구간조차 지을 수 없다. 대중교통 운영을 지원하기에도 극히 불충분하다. 900억 원을 서울시내 대중교통 이용객에게 나눠 준다면 승차당 약 22원[21]이 돌아갈 따름이다. 기본요금의 2퍼센트에 불과한 돈으로 큰 개선을 이룰 수는 없을 것이다.

이렇게 현행 제도의 세부 사항을 추적한 이유는 이것이다. 원인자 부담의 원칙은 지금의 제도에도 포함되어 있지만, 여러 현실에 떠밀려 우리의 도시에서 구현되지 못하고 있다. 그렇다면 기후위기 시대에 이동을 다시 설계하는 작업은 완전히 새로운 것이라기보다는, 오래된 문제를 오늘의 맥락에서 다시 조명하는 작업이 되어야만 한다. 망각되거나 주목받지 못한 채 도시의 구석진 곳에 잠들어 있는 원칙들을 다시, 끊임없이 길어 올려야 한다.

19   서울특별시·서울시립대 산학협력단·PMA, 「제2차 보행안전 및 편의증진 기본계획」(서울특별시, 2018).

20   김순관·장지은, 앞의 글, 요약 vii.

21   하루 1100만 명/1년 40억 명을 기준으로 구한 값으로, 도시철도와 광역철도의 승차 게이트에 카드를 찍는 사람의 수는 하루 약 600만 명, 1년 약 22억 명이고, 버스의 경우 약 하루 약 500만 명, 1년 18억 명이다.

5장

도시를 구하는 방법

1.5시간. 내가 출근과 퇴근을 하는 데 각각 걸리는 시간이다. 역까지 가는 데 버스로 20~30분이 걸린다. 역에서 서울의 목적지까지 열차를 타고 움직이는 시간이 45~60분이다. 집에서 버스정류장까지, 역에서 일터까지 걸어서 이동할 시간이 더 필요하다. 시간표가 꼬이거나, 다른 노선으로 우회해야 하거나, 아예 늦어져 서울역에서 광역버스를 타면 2시간 이상 걸릴 때도 많다.

이것이 특별한 값은 아니다. 통근시간 1시간이 넘는 통근객은 약 357만 명, 90분이 넘는 사람은 97만 명이었다.(2020년 센서스, 전국) 선진국 일반에서 하루 중 총 이동 시간이 점점 증대되고 있다는 보고도 있다.[1] 막대한 투자에도 잘해 봐야 현상 유지가 현실이다. 영국인 1명의 총 이동 시간이 1년 중 약 300~400시간 전후, 즉 하루 1시간 선에서 유지된다고 하며[2] 한국 역시 이동 시간이 현상 유지되고 있는 것 같다.[3]

길에 투자를 했는데도 이동 시간이 늘어난다면, 이는 교통 투자를 통해 오히려 통행에 더 많은 시간을 사용하도록 유도한 꼴이 된다. 그럼에도 이렇게 투자가 이어졌던 이유는 무엇일까. 도시의 삶을 위해서는 공간이 필요하기 때문이다. 내 경우를 자문하면 1.5시간 걸리는 길은 서울의 주거비가 너무 비싸기 때문에 택한 길이다. 평생 벌어도 서울의 집은 사기 어려울 것이다. 서울같이 소위 잘나가는 선진국 거대도시의 부동산에 안전 자산을 노리는 시중 자금이 몰려들고, 서울 시계 내의 주택 가격이 노동소득보다 더 빠르게 올랐다고 해서 이상할 것도 없다.

집만으로 모든 것을 설명하기는 어렵다. 나는

1   Vincent Kaufmann, Gil Viry & Eric D. Widmer, Op. cit, pp.137~141.

2   David Metz, "The Myth of Travel Time Saving," *Transport Reviews* Vol.28 no.3(2008), pp.321~336.

3   장수은, 「생활시간조사 자료를 활용한 통행시간예산 연구」, 《교통연구》 제25권 제3호(한국교통연구원, 2018), 15~24쪽.

출근길에 역 환승장을 빙 둘러 장사진을 치고 있는 인하대 통학자들과 길이 얽히곤 한다. 아침 수인선을 타고 남동공단이나 안산, 시흥 방면으로 이동할 때면 제조업 지구로 통근하는 사람들과 동선이 뒤엉키고는 한다. 외곽의 상대적으로 저렴한 집에서 서울의 직장으로 들어가는 통행만이 아니라, 외곽의 학교나 공업 지역으로 향하는 사람 역시 한국의 한 표정이다. 이들의 길이 모여 통근 시간을 늘리거나 적어도 유지하고 있다.

무정형적 도시 확산

이런 풍경은 거대한 차량 행렬에 파묻혀 있다. 내가 매일 인천을 들락거리며 그 아래를 지나는 외곽순환 송내-장수 구간은 극악한 정체로 유명하다. 높이 10m에 달하는 왕복 8차선 고가 위로 새벽부터 한밤중까지 정체가 이어진다. 하루에도 20만 대의 차량이 이 길을 지난다. 대체할 남북 방향 도로도 없다. 이 순환선은 거대도시 중심부로부터 외곽으로 향할수록 넓어지는 방사선 도로 사이에서 이들 길을 하나로 묶어 주는 역할을 한다. 이들 광역 도로망 네트워크가 바로 오늘날 광범위하게 진행되고 있는 무정형적 도시 확산의 기반이다.

스프롤(sprawl). 방향도 형태도 종잡을 수 없이 확산되는 도시의 수준과 규모를 확인하면서 가장 크게 놀랐던 것은 화성 서부에서였다. 2018년 봄 수도권 전체의 제조업 규모를 정리하던 중이었다. 대체로 알고 있던 수치가 나왔다. 조금 의외다 싶은 동네도 노동자 10만 명을 넘는 곳은 거의 없었다. 그런데 화성의 제조업 노동자 수는 압도적이었다. 집계된 규모만 22만 명이었는데, 이는 대규모 공단으로 유명한 안산(반월)과 시흥(시화)을 합친 규모이자, 서울이나 인천의 제조업 전체에 육박하는 규모였다. 삼성전자 타운이 동부 동탄 인근에 있지만, 이것만으로 설명할 수 없었다. 변두리 지역에서 늘 보던 '난개발'의 규모가 어느 정도이길래. 위성 사진으로 곳곳을 훑어보다가 아연실색했다. 자연취락이 있었을 야트막한 구릉지가 모두 공장 지대로 변화한 상태였기 때문이다.

큰 평지의 답, 경사가 심한 산 말고는 모두가 공장이었다. 큼직하게 들어선 블록은 현대차 남양연구소뿐이었고, 아마도 전근대부터 쓰였을 꼬불꼬불한 마을길을 따라 공장 역시 꼬불꼬불하게 이어져 있었다. 이런 식으로 흩어져 있는 공장이 거의 10만 명의 일자리를 책임지고 있었다. 제대로 된 버스망이 존재하지 않는 지역이므로 동료의 차량을 얻어 타고 실상을 확인하러 답사에 나섰다. 정말로 2차선 도로 측면이 거의 모두 공장으로 뒤덮여 있었다. 삼삼오오 동남아시아 출신 노동자들이 휴일을 맞아 어디로인가 놀러 가고 있었다. 그 사이로 현대차 남양연구소로 가는 왕복 2차선 도로가 눈에 띄었다. 지구촌 굴지의 자동차 회사 연구소 진입로가 이런 상태라는 것이 믿기지 않았다. 그 끝에 백 대가 넘는 통근버스가 행선지마다 자리가 지정되어 있었다. 이 버스들 없이 이곳을 유지하기는 불가능해 보였다. 2024년 하반기 개통 목표인 서해선 화성시청역이 이들을 잘 흡수할 수 있을까? 연구소까지 4km를 어차피 버스로 이동해야하는 이상 쉬워 보이지는 않았다.

이렇게 무정형으로 퍼져 나가는 광역도시권은 대규모의 교통 없이는 성립하지 않는다. 이들 지역을 잇는 교통량은 이동의 위기를 불러오는 가장 중요한 원인이다. 도표 1은 지난 20년간 도 지역의 교통에서 배출되는 탄소배출량이 급증했다는 것을 보여 준다. 아주 조금 줄어든 서울의 배출량, 급팽창하고 있는 경기도와 인천의 배출량이 대조된다.

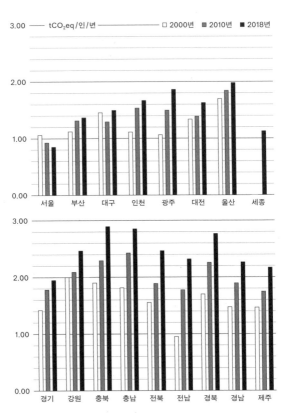

〔도표 1〕 한국의 광역지자체별 1인당 교통 부분 탄소배출량,
2000~2018[4]

4   배출량: 환경부 광역지자체별 온실가스인벤토리. 인구: 각 연도
     주민등록인구. 2000년 전국 평균은 약 1.4톤, 2010년은 약 1.7
     톤, 2018년의 경우 약 2톤이다.

비수도권 도 지역의 배출량은 더욱 급증하고 있다. 이 배출량의 대부분이 자동차에서 나온다. 더불어 이 가운데 물류의 비중보다 승용차의 비중이 조금 더 큰 것으로 보인다.

15분 도시는 너무 좁다

2020년 인류를 덮친 코로나19로 인해 도로 교통량은 2019년보다 더 늘었다.[5] 자동차 등록대수 역시 예년만큼 증가했다. 한국 정부는 코로나19 진단검사를 위해 드라이브 스루 검사소를 운용한 것이 세계 최초의 혁신이라고 강조했다.[6] 한편 공공교통의 수송량은 코로나가 내습하기 전에 비해 절반 가까이 떨어졌다. 코로나19는 공기 매개 감염병이다. 감염되었을지 모르는 남들과 공기를 공유해야 하는 공공교통의 태생적 조건은 많은 사람들에게 공

5   자동차 전체 주행거리는 3296억km에서 3320억km로 0.7% 늘었고, 승용차만 뽑아 보면 2427억km에서 2470억km로 1.8% 늘었다. 각 연도 교통안전공단 자동차주행거리통계, 교통안전정보관리 시스템 홈페이지.

6   윤한슬, 「해외가 놀란 '드라이브 스루' 선별 진료소 탄생 뒷얘기」, 《한국일보》, 2020년 2월 27일.

포로 다가왔을 것이다.

　그러나 이런 상황에서도 반드시 이동해야 하는 사람들은 얼마든지 있다. 한국의 2020년 일자리 가운데 3분의 2는 재택근무가 애초에 불가능한 자리로 보인다.[7] 설사 봉쇄를 실제로 진행했다고 해도 의료 인력이나 식량, 전기, 교통, 통신 등 멈춰서는 안 되는 수많은 필수 사업장을 유지하는 사람들은 결국 출근해야 했다. 이들의 통근이 승용차로 다수 이탈한 결과가 절반 가까이 줄어든 공공교통의 수송량일 것이다.

　이런 선택은 차량이 마치 움직이는 성처럼 주변 공기가 침투하지 못하게 하는 역할을 하기 때문일 것이다. 차량은 "각자가 나름의 형편에 따라 숨 쉴 만한 공간을 창출해서 두려움"을 달래기 위해 공기를 관리하는 방법을 말하는 "각자도생의 공기"[8]

7　최성웅, 「재택근무가 가능한 일자리의 특성과 분포: 물리적 근로환경을 중심으로」, 《한국경제지리학회지》 제23권 제3호 (2020), 276~291쪽. 최성웅이 집계한 한국의 재택근무 가능 일자리는 약 35%이며, 미국과 유럽의 선행 연구에서도 37%가량의 일자리에서만 재택근무가 가능하다고 밝히고 있다. 또한 제조업 지역과 농어촌 지역일수록 재택근무 가능 일자리의 비중은 낮아져 가장 낮은 시군의 경우 20% 초반대에 머문다.

8　전치형·김성은·김희원·강미량, 『호흡공동체』(창비, 2021), 40쪽.

를 위한 기계 장치로 활용되었다. 이는 공공교통의 차량 내부, 거리의 보행 공간은 그 반대라는 뜻이 된다. 2020년은 이처럼 승용차가 없는 사람들에게 그 어느 때보다도 자동차를 권하는 시기였다. 각자도생의 공기는 자동차 지배 공간의 가치를 올리고, 걷기 공간의 가치는 위축시켰다.

15분 도시라는 구호는 바로 이런 상황에 대한 반격이었다.[9] 15분이란 걸어서, 또는 좀 더 포괄적으로 말해 활동적 교통(active transportation) 수단으로 이동했을 때 걸리는 시간이다. 활동적 교통수단이란 인간의 근육을 동력원으로 하는 수단이 기본이다. 활동적 교통이라는 개념은 거의 모든 인구에게 꾸준히, 일정 강도 이상의 신체 활동을 하도록 만들 수 있는 몇 안 되는 힘이 바로 교통이라는 점에서 나왔다. 걷기, 달리기 외에도 인간의 허벅지 힘을 바퀴와 길을 활용해 다시 추력으로 만들어 내는 자전거 역시 활동적 교통의 범주에 들어

---

9   한국에서는 부산시가 실제로 이를 구호로 사용하고 있다. 원조인 파리 등 국외 사례를 정리한 것으로 Miguel Eiras Antunes, Jean Gil Barroca, Daniela Guerreiro de Oliveira, *Urban Future With a Purpose*(Deloitte, 2021), pp.42~50, 한국 사례와 함께 정리한 것으로 차두원·이슬아, 『포스트모빌리티』(위즈덤하우스, 2022), 1장 참조.

온다.

15분 도시의 핵심은 보도, 자전거나 개인용 이동수단을 통해 15분 내로 일상적인 서비스에 접근할 수 있는 삶이다. 보행 공간을 다시 강화하기 위해 보도와 자전거 차선의 면적을 확대하면 도심에서 자동차의 주행은 어려워진다. 보행자와 자전거 이용객의 밀도를 조금 낮춰 감염의 위험도 낮출 수 있다. 자동차 통행이 도시에 들어오는 것을 줄이면, 나아가 자동차 통행의 필요 자체를 줄이면 자동차에서 유래하는 미세먼지는 물론 온실가스 또한 줄일 수 있다. "개인의 형편에 상관없이 누구에게나 공통적으로 해당되는 공기의 조건을 개선"하려 하는 "공동체의 공기 기술"[10]이 바로 15분 도시인 셈이다.

사실 15분 도시가 강조한 규모 자체는 새로울 것이 없다. 도시 계획의 단위인 근린주구 개념은 물론 일상인의 단위인 '역세권' 역시 비슷한 규모다. 도시철도의 평균 역간거리는 1km이다. 한국의 1기 신도시에서 역을 중심으로 하는 중간 생활권의 규모 역시 바로 걸어서 15분 거리, 즉 반지

10   전치형 외, 앞의 책, 40쪽.

름 1km의 공간이다. 1km는 보통의 보행 속도인 4km/h로 15분 걸리는 거리다. 15분 도시라는 구호는 코로나19라는 역사적 맥락이 없었다면 진부한 이야기에 지나지 않았을지 모른다. 감염병의 공포 앞에서 자동차 지배 공간을 각자도생의 공기를 실어 나르는 기반으로 치환하려는 시도는 세계 어디에나 있었다. 여기에 휩쓸리지 않고 보행 공간을 공동체의 공기를 구성하기 위해 활용해야 한다고 침착하게 역설했기 때문에 15분 도시라는 구호는 널리 퍼져 나갔던 것이 아닐까.

그렇지만 이러한 침착함만으로는 걸어서 15분이라는 규모가 가진 불충분함은 넘지 못한다. 반지름 1km, 3.14km^{2}의 원 속에 한국의 표준적인 밀도에 따라 사람을 살게 할 경우 3만 명에서(2기 신도시) 9만 명(서울 또는 1기 신도시) 정도가 살 수 있다. 이것은 큰 읍이나 도농복합시의 동 지역 인구 규모다. 이들 지역이 모든 면에서 살기 충분한 규모의 도시라는 생각을 하는 사람은 많지 않을 것이다. 이들은 주변 대도시에 의존한다. 수십 수백 개의 15분 도시가 모여야 유지되는 서비스가 다수 존재한다. 희소성 때문에 높은 임금을 주고도 성업할 수 있는 의료 등의 서비스다. 이 임금은 다시 수십 수백 개의 15분 도시에 살지만 더 높은 임금을 원하는 통근객을 부를 것이다. 이들이 모여든 곳은 '도심'이 되어 사람들이 만나는 장소가 된다. 이런 곳에서 4장에서 본 제이콥스 메커니즘이 발동할 것이다.

이 작은 면적에 들어가는 인구를 늘려서 지금보다 밀도를 높이고 15분 도시 규모 내에서 서비스를 고도화하기란 훌륭한 대책이라고 할 수 없다.[11] 공간을 수직으로 쌓아 올리면 그만큼 엘리베이터와 배관에 필요한 코어 면적이 늘어난다. 건축비는 물론 엘리베이터와 공조 장치에 들어가는 에너지 또한 늘어난다. 건물이 차지하는 면적인 건폐율을 높이면 도시 내 녹지가 줄어 열섬 현상도 강화된다. 이렇게 되면 에어컨의 필요도 늘어나 도시는 더욱 뜨거워진다. 녹지가 거의 없어 직사광선과 열풍을 피할 수 없는 길을 걷기는 누구에게나 힘들 것이다.

설사 이렇게 해서 인구 밀도를 높인다 하더라

---

11 나는 용산의 구 미군기지에 대규모 임대 주택 공급을 해야 한다는 주장을 가장 크게 염두에 두고 있다. 다음 기사에서는 용적률 900%라는 충격적인 수치까지 언급되고 있다. 이는 서울 주거지역 최대 용적률의 3.6배로, 일반상업지구(1000%)에 준한다. 김규원, 「공공주택 10만 채 용산기지에 지을까?」, 《한겨레21》1371호(2021년 7월 11일).

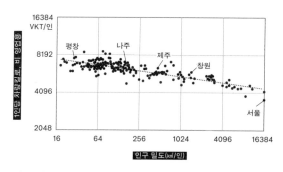

〔도표 2〕 한국 시군의 인구 밀도와 1인당 비영업용(자가용) 자동차의
주행거리, 2017[12]

도 한계가 크다는 것을 도표 2는 보여 준다. 2010
년대 한국의 경우 인구 밀도가 4배 올라가야 자동
차 주행거리가 650km 정도 줄어든다. 이것으로는
온실가스 배출량을 줄이기에 충분하지 않다. 아마
도 이렇게 밀도를 높인 동네만 있다면, 이런 동네
의 모든 길은 미처 주차장을 찾지 못한 차량에 의
해 점거되고 말 것이다. 새벽에 식당을 닫고 귀가
했지만, 주차할 곳을 찾지 못해 피곤한 시간을 보
내야 했던 모친의 모습이 겹친다. 이것은 인천 변

12   자동차주행거리: 교통안전공단. 인구: 주민등록인구. 각 점 하나
    가 하나의 시군이다. 서울과 광역시는 하나의 시로 처리했다.

두리만의 경험이 아니다. 빌라촌, 빌라보다는 좀 더 높은 건물로 이루어진 오피스텔촌, 공단 지역, 심지어 1기 신도시의 소로까지 한국의 모든 도시를 관통하는 경험이다.

자동차 지배에 균열을 내고, 자동차 주행거리 그 자체를 더 줄일 수 있는 조건을 만들지 않으면 이 장면은 더 넓은 영역에서 재현되고 도시는 녹아내릴 것이다. 고밀 개발 자체로는 이런 장면을 막을 수 없다. 도표 2의 곡선을 아래로 끌어 내리는 길을 찾아야 한다. 다시 말해 밀도가 유지되더라도 인구당 차량 주행거리 자체를 줄일 수 있는 방법을 함께 고민하지 않으면 안 된다.

나는 수십 수백 개의 15분 도시 사이를 잇는 광역교통망을 바꾸는 것이 문제의 핵이라고 생각한다. 동력 기관은 결국 이 광역교통망에서 필요하다. 하나의 광역권을 이루고 있는 수십 수백 개의 15분 도시를 자동차 지배 공간이 아닌 방법으로 연결해 내는 것. 이것이 이동의 위기에 대응하기 위한 우리의 목표다.

전기차의 미래와 한계

여전히 자동차 지배 공간에서 가능성을 찾는 목소리가 높다. 대표 주자가 전기차다. 2022년 연말 현재 전기차는 지수적으로 증가 중이다. 2021년 연말 기준 등록대수가 23만 대인데, 2022년에는 한 달에 2만 대씩 등록되고 있다. 보행로에서 어느새 등 뒤로 지나가는 전기차가 부쩍 늘었다는 주변 감상도 듣는다. 나는 전기 버스에서 확실한 차이를 느꼈다. 가스나 디젤 차량에 비해 가속 능력이 압도적이기 때문이다. 도로의 틈새를 귀신같이 찾아 찌르고 들어가는 인천 버스 기사들의 능력이 전기 버스를 만나면, 승객들은 마치 놀이 기구에 탄 사람처럼 휘청거리는 신세가 되고 만다.

전기차는 오늘날 차량에서 일어나는 변화의 선두에 있다. 전기차는 운행 시점에 화석연료를 태울 필요가 없고, 에너지 효율도 높아 결과적으로 탄소 배출 효율이 높을 것이다. 이것이 차량의 동력 분야에서 일어나는 변화다. 동력 분야 바깥에서도 변화가 계속되고 있다. 차량을 운전하는 인지 체계 속에서 인공 지능의 역할은 점차 확대되어 갈 것이다. 이미 고속도로 크루즈 기능은 일반화되었다. 장거리 주행이 편해지면서 운전 피로가 크게 줄어들었다는 증언이 줄을 잇는다. 졸음운전을 방지하기 위해 서너 시간 이상 쉬지 않고 운전한 사실이 보고된 운전자에게 전화를 걸어 주는 서비스까지 나온 모양이다.

자율주행 기능이 점점 확대되면 언젠가 인간 운전자의 개입이 불필요해지는 순간은 온다. 적어도 기후위기를 신경 쓸 필요가 없게 될 시점보다는 빠를 것이다. 차량을 타고자 하는 사람들을 합승시키는 공유 자동차 사업 역시 인공 지능과 정보로부터 도움을 받을 것이다. 한국의 이야기는 아니지만, 공유 자동차들은 나홀로 승용차로 이동하기보다는 경로를 조금씩 조정해서 좌석을 가능한 한 효율적으로 활용하려는 움직임을 보인다. 시장이 포화되어 가고 있는 선진국보다는 막대한 수의 젊은이가 존재하는 지금의 개도국에서 차량이 더 많이 늘어날 것이다. 시기가 문제일 뿐 방향은 정해졌다. 이러한 개발 방향을 한데 묶어 2차 자동차화[13] 또는

---

13 전현우, 앞의 책, 8장에서 처음 도입한 말로, 다음 세 책을 참조한 결과다. 페르디난트 두덴회퍼, 김세나 옮김, 『누가 미래의 자동차를 지배할 것인가』(미래의창, 2017); 정지훈·김병준, 『미래 자동차 모빌리티 혁명』(메디치, 2017); 차두원, 『이동의 미래』

제2차 자동차 지배로 부를 수 있다.

전기나 생물연료는 바로 탄소 배출량을 줄이고 인킬로당 에너지 소비량도 낮춰야 한다는 요구 때문에 미래 차량과 항공기의 에너지원으로 주목받는 것이다. 자율주행차는 일상의 관점에 따르면 지금의 자동차가 가지는 결정적인 불편, 즉 인지 자원을 소모해 집중 상태를 유지하지 않으면 운전할 수 없다는 불편을 넘을 수 있다는 약속을 하기 때문에 주목받는 것이다. 공유 자동차는 자동차의 운전 시간을 늘려 자동차가 개인의 구매력을 갉아먹는 존재가 아니라 오히려 높일 수 있는 존재가 되기 때문에 주목받는 것이다. 또한 개도국의 시민들은 과거 선진국 시민들이 그랬던 것처럼 미래 발전의 내용이자 상징으로 자동차를 받아들일 가능성이 높다.

이런 변화의 기반이 될 미래 승용차들은 4장에서 확인한 문제에 대해서도 답을 가진다. 공간을 덜 소모할 것이므로 중심지에 많은 사람들을 모으는 데 유리하며 자동차의 이동력에 기반해 도시를 흩어버리고 해체하는 압력 또한 낮출 수 있기 때문

(한스미디어, 2018).

이다. 게다가 차량이 부수입 원천이 될 수도 있다. 사람들은 자율차를 공유 자동차로 활용해서, 그리고 전기차의 배터리를 에너지 저장 장치(Energy Storage System, ESS)로 활용해서 부수입을 올리게 된다. 또 전기화는 이동이 화석연료나 생물연료에서 벗어날 거의 유일한 방법이고, 이동 영역에서 최종 에너지의 전기화는 에너지 효율을 극적으로 높일 수 있는 방법이다.

그럼에도 왜 제2차 자동차 지배에 한계가 있다고 생각하는가? 몇 가지 사실을 짚어 보자.

전기차 시대의 이행 속도 제2차 자동차 지배를 예언하는 많은 문헌들은 하나같이 수십만 두의 말과 수십만 대의 마차가 뉴욕과 런던에서 거의 사라지는 데 10여 년이면 충분했다고 말한다. 하지만 시야를 지구 전체로 넓혀 보면 말은 여전히 지구 전체에 6천만 필[14]이나 분포하고 있다. 물론 자동차의 수는 이를 1960년 이전에 넘어섰고 이제는 15억 대를 향해 가고 있지만, 역마의 영역은 지구 곳곳에 남아 있다. 동력 기관의 경우에도 2022년 서울·부산의 구도심에는 수십 년 전 '마찌꼬바'에

---

14   2019년 기준. 세계식량기구 통계 사이트.

서 개조되었을 수천 대의 3륜차가 현업의 수송 수단으로 여전히 건재하고 있다. 내연기관차 역시 아마 22세기까지 억 단위로 지구 위에 남아 있을 것이다. 한국의 경우 차량 순 증가량(50만 대/년)에 비해 신규 전기차의 수는 여전히 그리 많은 수는 아니다.(2022년 약 20만 대로 추정) 이대로 전기차의 수가 지수적으로 늘더라도, 빨라도 2020년대 중후반에야 차량 순 증가량을 따라잡을 것이다. 정부의 계획 역시 약 2200만 대의 내연기관차가 2030년에도 존재할 것이라고 추정하고 있다.[15] 2030년에 내연기관차 판매가 금지되더라도, 차량이 모두 전기차로 바뀌는 시점은 폐차율(2010년대 전체 차량의 5%)을 감안하면 2050년경이 될 것 같다.

다르게 이루어질 걷기 공간의 납치 제2차 자동차 지배 시대의 차량이 굳이 도심으로 향해야 할 이유가 없다. 차량이 가진 분산의 힘은 간선도로변 걷기 공간을 더 많이 납치해 왔다. 주차 공간이 적

---

15 산업자원부,「제4차 친환경자동차 기본계획(2021~2025)」(2021). 나는『거대도시 서울 철도』의 부록 4, 그리고 다음 연구의 9장을 서술하면서 당시 최신 자료를 바탕으로 전기 차량 이행 시나리오를 점검했다. 김태今·김현우·전현우·이영수·한상용·이승우·박홍수,『미래를 여는 길, 한국철도: 제4차 철도산업 발전기본계획 대안연구』(전국철도노동조합, 2021).

게 필요하다는 점에서 역사 도심이나 고밀도 상업 지구를 자동차가 녹여 주차장으로 바꾸는 일은 줄어들지 모른다. 자율주행 기능이 있다면 굳이 도심부 주차장에 차를 주차할 필요는 없기 때문이다. 그러나 이렇게 주차장에 머물러 있을 필요가 줄어들었다고 해서 차량이 사라지는 것은 아니다. 차주의 편의를 위해 존재하는 것이 이들 차량인 이상, 이들은 도로를 배회하면서 차주 부근을 돌아다니거나 근처 구석진 외곽지역으로 회송하여 대기해 있어야 한다.[16] 그렇다면 제2차 자동차 지배 시대에 자동차는 주차장보다는 회송과 배회를 통해 도로의 수요를 늘려 역사 중심지와 고밀도 시가지의 구조에 도전하여 이 공간을 녹이고 점령하게 될 것이다.

에너지 소비가 늘어날 가능성 제2차 자동차 지배 시대를 부른 변화는 주행을 더욱 편하게 만드는 한편 주행 속도를 높일 변화라는 점에서 차량의 주행에 들어가는 에너지 소비량을 증대시킬 가능성이 있다. 한 시나리오에 따르면 자율주행에 의해

16   Adam Millard-Ball, "The Autonomous Vehicle Parking Problem," *Transport Policy* Vol.75(2019), pp.99~108.

에너지 소비량은 두 배까지 증가할 수 있다.[17] 더불어 SUV와 같은 큰 차량에 대한 사람들의 선호는 이미 확인했듯 강고하고, 전기차를 선호하는 이유는 결국 많은 나라에서 싼 에너지 가격 때문이라는 점도 확인할 수 있다.[18] 물론 전기차 전환을 유도하려면 전기 가격을 정책적으로 낮춰 줘야 한다. 그러나 이 경우 에너지 효율이 아니라 단지 운영 비용에만 초점을 맞추어 전기차를 구매하는 사람들이 늘어날 것이다. 전기차의 운영 비용이 올라가면 계속 내연기관차는 남을 것이고, 더불어 각종 세금이나 부과금에 불만을 가지고 이를 우회할 방법을 노리는 사람이 지금의 대포차보다 더 흔하게 나올지 모른다. 에너지 효율과 소비량 그 자체에 초점을 맞추는 제도 없이는 이런 상황을 견제할 수 없다.

재생 에너지를 위한 토지 확보 문제 전기차에 충전할 전기를 새로 만들려면, 재생 에너지 발전소

---

17 Zia Wadud, Don MacKenzie, & Paul Leiby, "Help or Hindrance? The Travel, Energy and Carbon Impact of Highly Automated Vehicles," *Transportation Research Part A* Vol.86(2016), pp.1~18.

18 하랄트 프로프 외, 「2022 글로벌 자동차 소비자 조사: 세계 주요국 중심으로」(딜로이트, 2022), 7쪽. 한국은 연료 가격이 탄소 문제보다 더 중요한 국가군에 속했다.

가 필요하다. 이는 토지를 소비할 수밖에 없다. 내가 표준적인 태양광 발전소의 변수에 따라 계산한 결과, 지금의 자동차 주행거리를 유지하기 위해 필요한 태양광 발전소의 면적은 1000~3000km², 즉 서울의 2~5배 수준이었다.[19] 이것이 한국(총면적 10만km²)내에서 수용 불가능한 면적은 아니지만, 적은 면적도 아니다. 제주도의 0.5~1.5배 수준의 면적을 투입해야 한다면 조금 더 감이 올지 모르겠다. 이동의 에너지 효율을 높여 이 면적을 가능한 한 최소화하는 작업이 없다면 제2차 자동차 지배 시대를 이끌 새 세대의 차량들은 도시에 이어 숲과 논밭 또한 녹이기 시작할 것이다.

전력망 문제[20] 전기차의 배터리는 충전과 방전이 자유로운 에너지 저장 장치라는 데에서 이야기를 시작해 보자. 차주는 전력 가격이 쌀 때, 그러니까 전력망에서 전력을 팔고자 하는 사람들이 많을 때 전력을 구매해 두었다가 전력 가격이 비싸질 때, 그러니까 전력망에서 전력을 사고자 하는 사람이 많을 때 전력을 다시 시장에 되팔 수 있다. 주차

---

19   각종 변수는 전현우, 앞의 책, 부록 4 이하 참조.

20   이 대목은 그레천 바크, 김선교·전현우·최준영 옮김, 『그리드』(동아시아, 2021) 8장의 논의를 발단으로 삼는다.

시에 물려 놓을 충방전기만 충분하다면, 그리고 실시간 전력 시장 상황에 대한 정보와 이 정보에 기반해 전기를 사고팔겠다는 판단을 내리는 인공 지능만 더 발전한다면, 전기 자동차의 전력 저장 능력은 공유 자동차보다 더 확실하고도 부담 없는 수입원이 될지도 모른다. 이를 V2G(Vehicle to Grid)라고 한다.

V2G 기술은 재생 에너지와 결합하기도 편하다는 점에서 인기가 좋다. 태양광 등 재생 에너지의 공급량은 시간에 따라 변동이 크다. 날씨만큼 변덕스러운 것이 현실이다. 재생 에너지의 비중이 올라갈수록 저장 장치의 필요성은 더욱 커질 수밖에 없다. 전기차의 배터리는 바로 이 틈을 채울 수 있다. 사람이 많이 이동하는 시간에는 공유 자동차로, 그렇지 않은 시간에는 잉여 전력의 충전 및 방전 장치로서 활용할 수 있기 때문이다. 전기차는 전기 판매 수익을 가져다준다는 이유에서 지금의 자동차보다 더욱 매력적인 상품이 될 수도 있다.

하지만 장밋빛 전망은 여기까지다. 분배의 문제를 해결하지 못하면 이 전망은 잘해야 회색빛 미래일 뿐이다. 재생 에너지 발전소를 설치할 토지처럼 차량 역시 여전히 비싼 수단이다. 2022년 자가

용은 인류 전체 기준으로는 상위 20%의 전유물이다.(80억 명 대 15억 대) 재생 에너지의 소유권은 설비를 설치할 토지와 건물을 소유한 사람들에게 있을 것이고, 마찬가지로 V2G의 사용권 역시 배터리 전기차 차주에게 있을 것이다. 토지와 건물이 없는 사람들처럼, 차량이 없는 사람들은 재생 에너지 시대의 생산 수단을 가지지 못한 사람들이 되고 만다.

이렇게 되면 결국 재생 에너지 발전소를 보유하지 못한 데다 차량도 없는 사람들은 꼭 필요한 전기가 부족할 때 전기를 비싸게 구매해야 하는 상황에 처하게 될 것이다. 더불어 누구든, 언제나 전기를 쓸 수 있도록 공급 여력을 준비해 두어야 하는 공공 전력사업자는 전력 판매량과 설비 가동률이 떨어져 수익성이 악화될 것이다. 재생 에너지 설비와 배터리를 가진 개인과 기업은 평시에는 공공 전력망과 연결을 끊은 채 살다가 재생 에너지가 부족해지는 비상시에만 공공 전력망에 접속할 것이기 때문이다. 공공 전력사업자는 결국 가격을 올려 상황에 대처해야 할 것이다. 비상시의 대규모 수요를 감당하기 위해 막대한 고정비를 지출하면서, 이 고정비를 세입자, 도시 저소득층, 중소기업처럼 언제나 전력을 공공망에서 사서 써야 하는 자들에게 전가해야 하기 때문이다. 그리드 탈출 현상으로 인해 공공 전력사업자가 재정적 재난에 빠지는 상황은 이미 재생 에너지 전력의 비중이 높은 지역과 국가에서는 현실이 되고 있다. 제2차 자동차 지배만으로는 여기에 답할 수 없다.

2차 자동차화와 함께 이동의 위기는 심화될 것이고, 지금과 다른 종류의 문제 때문에 그렇게 될 것이다. 이런 결론은 현재 사용할 수 있는 증거로부터 그리 멀지 않은 지점에 있다. 그렇지만 이런 이야기는 있었다 하더라도 아직 모기 소리만큼의 반향만을 일으키고 있는 것 같다. 나는 이런 증거들을 되새길 때마다 지금이 마치 폭풍 전야 같다는 느낌을 받는다.

확장된 걷기 공간

다시 걷기로 돌아오자. 시민들이 도시를 이루는 자발적 질서를 창출하는 기반이자, 탄소 배출은 물론 토지 소비량, 에너지 소비량 또한 매우 적은 수단. 인간이 지금 우리가 아는 바로 그 종인 이상 결국 걷기가 이동의 기본일 수밖에 없다. 도시를 이루고 살기 위해서는 자동차에만 의존할 수 없고 결국 걷기를 장려하지 않을 수 없다는 평범한 사실, 그리고 이렇게 걷기를 장려하기 위해서는 수많은 정책적 뒷받침이 있어야 한다는 평범한 사실은 비록 미흡하거나 왜곡된 형태일지라도 우리의 도시 속에 살아 있는 아이디어다.

이 아이디어를 증폭시킬 개념적 틀이 문제라는 고민에 잠겨 있던 2022년의 어느 날이었다. 나는 생각을 전환하기 위해 서울에서 기차로 출발, 어느 작은 역에 내려 동네를 둘러보는 계획을 세우고 있었다. 차표를 끊으며 내가 무엇을 하고 있는 것인지 스스로 묻게 되었다. 낯선 길에서 걷기 위해 공공교통망을 활용하는 것이 내가 하고 있는 일이었다. 생각이 닿은 책이 있었다. 집 서가를 뒤져 책을 찾아냈고, 이내 아래 문장을 보고 무릎을 쳤다.

역사 주거지 북촌에서의 동네 이동 패턴을 살펴보자. 아침에 집에서 출발하여 초등학교에 아이를 데려다준 후 마을버스를 타고 가회로를 통과하여 와룡공원 앞 정류장에서 내린다. 삼청공원-와룡공원으로 연결된 공원의 매력적인 산책코스에서 운동삼아 걸은 후 돌아올 때는 풍광이 좋은 한옥 골목을 통과하여 내려온다. …… 마을버스는 여기에서

…… 선호하는 코스만을 손쉽게 골라 걸을 수 있는 보조 장치로 작동했고, 결과적으로 집과 삼청공원을 보행으로 연결시키는 데 기여하고 있다.[21]

『동네 걷기 동네 계획』은 서울의 마을버스가 주변 주민에게 어디에서는 걸을 것인지, 어디에서는 동력 수단을 이용할 것인지 유연하게 결정하는 데 활용되는 수단으로 쓰이고 있다고 말한다. 마을버스는 역사 시가지의 구조를 녹이지 않으면서도, 또 걷기의 다양한 덕목을 침해하지 않으면서도 사람들에게 동력을 제공하고 있다.

이렇게 공공교통 도보와 공공교통망 사이의 연계로 이루어진 망으로 연결된 도시 공간이 있다. 다시 말해 집에서 나서 목적지의 문 앞에 도달할 때까지 별다른 불편함 없이 보행과 공공교통망만으로 이동할 수 있는 가능성을 제공하는 공간이 있다. 이를 확장된 걷기 공간[22]이라고 부르자. 또 다

---

21   박소현·최이명·서한림, 『동네 걷기 동네 계획』(공간서가, 2016), 132~133쪽.

22   확장된 마음(extended mind)이라는 최근 심리철학의 논의에서 따온 것이다. 인간의 마음과 의식의 내용이 신경 및 감각을 통해 접촉해 있는 주변과의 교통 속에서 형성되듯, 걷기 공간 역시 개별 15분 도시 바깥 망과의 연결 속에서 형성되어 간다.

른 한쪽에는 이동의 대부분을 주차장과 주차장을 오가며 승용차로 수행하고 걷기 공간은 다만 납치된 수준으로만 건물 내에 남은 도시 공간이 있다. 이런 도시 공간을 자동차 지배 공간이라고 부르자.

　이들 두 개념은 이념형일 따름이다. 그 사이에는 수많은 회색 지대가 존재한다. 확장된 걷기 공간과 자동차 지배 공간이 경쟁하는 도시이거나, 어느 한 편이 우세한 도시이거나. 아니면 두 이념형이 뒤섞여 있는 상황도 흔하다. 가령 철도역은 한 도시에서는 확장된 걷기 공간을 구성하지만, 다른 도시에서는 그 주변에 제대로 된 걷기 공간도, 지선 교통망도 없어 거대한 주차장과 결합하여 오히려 자동차 지배 공간을 넓히고 역 주변을 그 속에 납치된 보행 공간으로 만들어 내는 방식으로 작용할 수도 있다. 예를 들어 내가 전국을 확장된 걷기 공간으로 활용하기 위해 자주 사용하는 KTX 역시 수천 면의 주차장을 거느린 서울 외곽의 광명역을 통과해 나간다. 나는 가끔 이 역을 이용한다. 그리고 그때마다 15분 도시 규모의 넓다면 넓은 공간이 모두 주차난으로 몸살을 앓는 모습을 보게 된다. 하루 2.7만 명의 승객을 주차장으로 수용하기는 역부족임에도 이런 상황이 빚어진 것은 결국 자동차가 망 설계자의 심성을 점령했기 때문이라고 생각해야 할 것이다.

모든 도시가 따라야 할 정답은 없다. 도시마다 자연사가 다르고, 그 도시를 낳고 또한 도시가 낳은 혼종이 다를 수밖에 없으니 그렇다. 하지만 각각의 15분 도시 내부에서 할 일은 이미 명확하다. 역 중심 보도 네트워크와 생활 서비스 시설 입지를 좀 더 정교하게 관리해 역을 생활 서비스 네트워크의 중심부에 놓는 것, 그렇지 않은 구도심의 망을 정비해 나가는 것, 역이 빠져 있어 자동차 지배 공간의 입김 속에 잠겨 있는 각 15분 도시의 생활 서비스 집결 지구에 가능한 가까이 역을 추가하는 것.

한편 수십 수백 개의 15분 도시들이 뭉친 광역도시권 차원에서 해결해야 할 일은 더욱더 복잡하다. 고밀도의 사무용 빌딩, 대학가, 연구소, 제조업 공장 모두 다른 공간의 문법을 가진 이상, 출퇴근 문제조차 하나의 수단만으로는 해결할 수 없다. 회의장이나 공장으로 향하는 출장객, 상급 병원이나 희소한 문화 서비스로 가는 방문객, 휴양지로 가는 휴양객, 인간관계에서 중요한 문제를 해결하기 위한 이동객…… 공간 분업화와 전문화 전체에 대한 그림이 없다면, 광역도시 전체를 바꿀 수 없다.

게다가 우리는 2022년의 한국이라는 특수한 맥락에서 이야기하고 있다. 누구도 이 번영을 이대로 놓치고 싶지 않을 것이다. 이 번영을 가능하게 하는 구매력의 상당한 부분이 결국 제조업 역량에서 온다는 데, 다시 말해 한국과 그 대도시권의 기반 활동(basic economic activities)[23]이 제조업이라는 데 주목하지 않을 수 없다. 그런데 이 제조업 입지는 전국의 대도시 주변에서 무정형적 확산의 주역이다. 내가 화성의 먼지 날리는 오래된 도로에서 보았던 것, 도 지역 전체에서 늘어나는 교통 탄소 배출량 증대 역시 이 확산과 관련이 깊다.

이런 확산 현상은 제조업 개발을 시도하고 있거나 시도할 여러 개도국에서도 반복될 것이다. 도시 내부를 다룬 15분 도시만큼이나 이 현실을 다루고 이미 벌어졌거나 벌어질 무정형적 도시 확산에 개입하려는 시도 역시 시급한 과제다.

---

23   외부에서 소득을 획득하는 부분을 말한다. 이것이 없다면 어떤 도시는 다른 도시로부터 필요한 물건을 구매하는 구매력을 전혀 가지지 못한다. 데이비드 카플란·스티븐 할로웨이·제임스 윌러, 김학훈 외 옮김, 『도시지리학』, 제3판(시그마프레스, 2016), 152쪽.

나는 앞선 저술에서 이 상황을 묘사하기 위해
이중 교통 환경이라는 말을 붙였고[24] 도시 회랑을
구축하는 방향으로 여기에 대응해야 한다고 말했
다.[25] 이는 철도를 활용하는 광역도시권 연결에 대
한 하나의 모형을 머릿속에 그리고 있었기 때문에
나왔던 것이다. 15분 도시의 통찰을 넘어 광역도시
권 문제까지 다루려면 이 모형을 좀 더 구체화하지
않으면 안 된다.

도시를 잇는 길의 논리

허브 앤 스포크 또는 그물망

도시는 겉보기에는 아주 혼란스럽다. 자연발생적
인 도심 속에는 온갖 것들이 뒤섞여 있고, 계획 도
시라고 해도 시가지는 그 경계가 모호하게 뭉뚱그
려진 현상들로 가득하다. 이 잡동사니 사이에서 확
장된 걷기 공간을 넓히면서도 시민들을 만족시킬
방법은 어디에 있는가.

나는 길 그 자체의 논리를 살펴보는 데에서 출

---

24   전현우, 앞의 책, 6장 보강 6, 8장 지도 2.
25   김태승 외, 앞의 책, 151~158쪽.

발하자고 제안하고 싶다. 모든 길은 극도로 추상적인 기하학적 질서가 지배한다.

길의 특정 지점을 통과하는 각 개인의 출발점과 도착점을 잇는 직선을 긋는다고 상상해 보자. 이들 직선은 분명 360도 모두를 향해 무질서하게 뻗어 있을 것이다. 그렇지만 길은 이들을 단 하나의 방향을 지향하는 선 집합으로 변환한다. 사람과 차량은 이 선을 따라 움직이며, 이렇게 움직이면서 이 선의 방향과 형태를 변형시킬 수 있다. 이에 따라 사람과 차량이 몰리는 목적지를 향하는 길은 계속해서 넓어지고, 이 길에 접속하여 사람들이 방향을 바꿀 수 있도록 돕는 갈래길도 늘어나게 될 것이다. 또한 이렇게 움직이는 사람이나 차량이 서로 충돌해서는 안 된다. 따라서 서로 다른 방향을 지향하는 길은 180도 반대 방향으로 배열되거나, 신호로 통제하거나, 입체로 만들어야 한다. 하나의 선으로 모인 교통 흐름이 서로 영향을 주고받지 않기 위해서다.

이렇게 도시의 길은 몇 개의 방향으로 정리된다. 사람들이 몰려드는 지점, 즉 도심을 오가는 통행을 처리하는 길은 출발지점과 도착지점 사이의 직선과 선형이 점점 더 비슷해질 것이다. 또한 한

번 도심에 온 사람은 밤에는 집으로 돌아갈 것이니, 180도 반대 방향으로 나가는 길도 나란히 발달하게 될 것이다. 한편 외곽 지역을 잇는 통행은 이보다 양이 적을 테니 이동 방향과 무관한 방향을 따라 뻗은 길이라도 우선 잘 활용하여 이동할 것이다. 도심을 오가는 똑바른 길들은 도심을 원점으로 하는 극좌표를 따라 넓은 면 속으로 퍼져 나가는 방사선을 구성하게 된다. 외곽 지역을 잇는 통행은 처음에는 다른 통행에 의해 생긴 방사선을 이용하여 이동하다가 충분한 숫자가 모인 다음에야 순환선을 얻을 수 있을 것이다.

지금 나는 도심과 외곽이 이미 주어져 있다고 가정하고 이야기를 진행했다. 이것은 인류의 도시 체계가 전근대, 또는 적어도 자동차화 이전 시대부터 이어진 것이자, 이동 불가능한 여러 자원이나 지리적 구조를 바탕에 두고 형성되었다는 사실 때문에 참이다. 또한 이 주장은, 수십 년 또는 백 년 이상의 시간적 스케일 속에서는 도시 구조에서 변화가 일어날 수 있다는 것 때문에 미래 어느 시점에는 거짓이 될 주장이기도 하다. 특정 구역이 도심이고 다른 구역은 외곽이라는 말은 정적으로는 참으로 볼 수 있지만, 동적으로는 그렇지 않을 수 있다는 말로 상황을 정리해 두자.

길은 도심의 위치를 바꿀 수도 있다. 길은 도시를 자신과 가까운 곳으로 끌어들인다. 빠른 길일수록 더욱 그렇다. 길의 종류에 따라 이 변화는 다르게 진행된다. 길 주변에서 사람들이 행동을 얼마나 빠르게 바꿀 수 있는지가 문제다. 고속도로처럼 인터체인지에서만 진출입 가능한 자동차전용도로의 경우 인터체인지 주변의 도로로 사람들의 활동을 끌어들인다. 반면 그렇지 않은 길 주변의 경우 별다른 규제가 없다면 길 주변의 필지는 모두 건물과 인간의 활동으로 가득 찰 것이다. 한편 열차는 역에서만 설 수 있으므로 철도는 역 주변으로만 사람들을 끌어들일 것이다.

이것은 도로망과 철도망의 구조를, 그리고 두망에 의존하는 도시를 서로 다른 구조로 이끌어 가는 압력이 된다. 철도망은 역을 결절점으로 하는 일종의 방사선 프랙탈 구조를 이루게 될 것이다. 잘 발달된 철도망에서는 최대 역에서 부도심과 위성 도시의 도심에 있는 역으로 뻗어 나가는 방사선, 부도심이나 위성 도시의 도심에서 그보다 작은 중심지의 역으로 나아가는 방사선, 그리고 동네 중심지의 역에서 또 다시 주변으로 뻗어 나가는 버스망과 같은 여러 계층의 방사선이 관찰될 것이다.

　한편 도로망은 이와 구조가 다르다. 대부분의 도로는 도로에 접한 어느 곳이든 개발할 수 있고, 이렇게 인구와 산업을 분산시킬 수 있다는 데에서 출발해 보자. 이렇게 넓은 면에 분산된 활동을 연결하는 도로를 도심 C로 몰려들게 만드는 방사선으로 구성한다면, C로 향하는 교통량이 C에 인접할수록 집중되어 C 인근으로 갈수록 통행 속도가 점점 더 느려질 것이다. 정체를 최소화하려면 C의 중심부에 통행량이 몰리지 않는 구조를 짜는 것이 필수적이다.[26]

　여기에서 도시는 선택을 해야 한다. 도심 C를 유지하느냐, 버리느냐. 철도망은 도심 C를 유지한다면 과거부터 있던 그 자리에 계속 있어야 한다. C를 버리려 한다면 새 역을 건설하여 그리로 옮기고, 자신에게 딸려 있던 하위 계층의 대중교통망 역시 함께 옮기면 된다. 그러나 도로는 조금 더 유연한 선택을 할 수 있다. 도심 C를 유지한다면, C를

26　브라에스 역설은 바로 이 구조를 정당화할 수 있는 기반이다. Dietrich Braess, Anna Nagurney, & Tina Wakolbinger, "On a Paradox of Traffic Planning," Transportation Science, Vol.39, no.4(2005), pp.446~450.

둘러싸는 순환 고속도로를 몇 개 만들어 C를 드나드는 방사선 전체로 통행량을 분산시키는 전략을 짤 수 있다. 도심 C를 버린다면, 도시와 그 주변에 격자 형태의 고속도로망을 구축하여 격자 내부의 지점들에 가능한 균등한 고속도로 접근성을 보장하는 전략만으로도 충분하다. 운전자들은 고속도로의 기동성을 활용해 격자 내부의 어떤 지점이든 비슷한 시간으로 접근할 수 있고, 이렇게 되면 특정 지점이 다른 지점보다 접근성이 높지 않게 되어 결과적으로 C로 통행이 몰리지 않게 될 것이다.

방금 서술한 내용을 현실의 철도망과 고속도로망의 형태를 관찰해 보면 다시 확인할 수 있다. 방사선을 중심으로 형성되고, 순환선은 상대적으로 부실한 망이 철도망이다. 순환 고속도로보다 순환 철도는 좀 더 희귀한 존재이고, 특히 2중 순환 철도는 전 세계의 거대도시 또는 준 거대도시에서 모스크바, 도쿄, 시카고, 베를린 단 네 군데에서만 확인할 수 있다.(2018년 여름 기준) 한편 도로는 방사선뿐 아니라 순환선 방향의 길 역시 흔하다. 베이징에서는 6중 순환망을 확인할 수 있다. 서울 역시 내부순환로를 포함하면 2중 순환 고속도로를

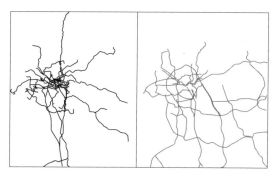

〔지도 1〕 같은 범위 수도권 주변의 철도망(좌)과 고속도로망(우), 2022[27]

가지고 있고, 지금은 3차 순환망(제2순환고속도로)을 짓고 있다. 또한 세계 각국 고속도로망의 구조는 격자 구조에 가깝지만, 철도망은 특정 중심부, 즉 전국이든 광역도시권이든 수위 도시로 몰려드는 경우가 많다.

철도망의 구조를 허브 앤 스포크 구조, 그리고 고속도로망의 구조를 그리드 구조라고 부른다. 이 구조가 도시의 모든 것은 아니지만, 도시 구조의 뼈대로서 이들 망보다 강력하게 기능하는 요소도

27   도심으로 집중되는 방사선 위주의 구조를 가진 철도, 그리고 2중 순환선과 방사선, 그리고 남쪽의 격자 구조가 서로 포개져 있는 고속도로망을 확인할 수 있다.

찾기 어렵다.

　도시 구조를 철도망의 구조와 결합시켜 이해하려는 시도의 대표로 호이트 모형을 꼽을 수 있다. 이 모델은 1930년대 시카고의 상황을 관찰해 나온 하나의 이상화다. 시카고는 미국 중서부의 철도 수송이 오대호의 수운으로 환적되는 지점으로, 막대한 철도교통량에 걸맞은 방대한 철도망을 보유한 철도의 도시다. 마치 현실의 시카고처럼, 호이트 모형 속의 대도시는 도심부의 고밀도 집적 지구를 중심으로 하는 동심원을 기본 구조로 삼는다. 도심으로부터 멀어질수록 지가가 떨어지고, 넓은 땅을 필요로 하는 활동이 들어서게 된다는 간단한 아이디어가 이 모형의 바탕에 있다. 하지만 이 동심원 가운데 일부 각도는 몇몇 쐐기형 부채꼴 지역에 의해 관통되어 있다. 이 지역은 해당 부채꼴 지역의 중심부를 종관하는 광역철도 노선 주변에 비슷한 배경의 사람들이 모여 형성된 것이다.

　한편 도시를 격자형 고속도로망의 구조와 결합시켜 이해하려는 시도의 대표로 디어와 플루스터의 게임보드 모형을 꼽을 수 있다. 이는 1980년대 이후 LA의 상황을 관찰해 나온 이상화다. LA는 그리드 구조로 이루어진 고속도로망의 그물을 도시의 뼈대로 한다. 거대도시의 규모이지만 철도 통행량은 하루 30만 명 수준이다. 철도망은 단지 롱비치 항에서 내륙으로 향하는 화물 교량의 역할을 할 뿐 도시 내부의 통행에는 큰 기여를 하지 못하기 때문이다. 이처럼 고속도로망에 의존한 개발이 심화된 게임보드 모형 속의 대도시는 뚜렷한 단일 도심부가 없다.[28] 말하자면 포스트모던한 구조인 셈이다. 토지는 주변과 연계되어 활용되기보다는, 통신망으로만 연계된 도시 외부와의 연계 속에서 활용되고는 한다. 그러나 이렇게 뚜렷한 구조가 없이 분산된 도시에서 통행량은 더 증폭될 수 있다.

이들 모형은 길의 구조가 도시의 구조와 형태에 어떤 영향을 미치는지 보여 준다. 길은 배열하기에 따라서는 도시를 LA처럼 자동차 홍수 속에 빠뜨릴 수도 있지만, 다른 식으로 배열하면 도시를 확장된 걷기 공간으로 가꾸는 데 도움이 될 자원이다.

---

28 물론 다운타운이 없는 것은 아니지만, 중앙역(Union Station) 주변에 교도소가 있을 정도로 지역의 용도가 혼란스러운 것이 현실이었다.

철도 축, 병목과 이중 교통 환경

그렇다면 대체 어떤 방향으로 가야 우리의 광역 도시에서 확장된 걷기 공간의 비중을 더 높이고, 자동차 지배 공간의 비중을 낮출 수 있는가? 호이트 모형에서 볼 수 있는 부채꼴 모양의 쐐기형 지대를 만들 수 있는 철도의 힘은 그대로 활용할 수 있다. 방사선을 따라 퍼져 나가는 도시 회랑의 뼈대 역할, 바로 이것이 각급 철도가 해야 할 역할이다. 더불어 게임보드 모형에서 확인할 수 있는, 무정형적 확산에 기여하는 고속도로의 힘은 가능한 한 억제해야 한다.

물론 이 뼈대가 도심 방면으로 모여들어 그 거리가 지나치게 가까워지면 병목이 생겨난다는 문제, 외곽에서는 그 사이가 너무 벌어져 프랙탈 구조를 구성하더라도 망이 제대로 포괄하지 못하는 구역이 점점 더 넓어진다는 문제가 남는다. 병목 문제에는 도심부 철도망에 꾸준히 투자하는 방향으로 응답하는 수밖에는 없다. 이 망이 도시 회랑의 교통량을, 또 자동차라는 경쟁 상대의 속도를 따라갈 수 있도록 이 투자는 다층적인 철도망이 가능한 한 도시 핵심부까지 직결 운행할 수 있도록 진행되어야 한다. 한편 후자는 이중 교통 환경, 즉 도심부의 대중교통 통행 여건에 비해 외곽부의 여건이 크게 악화되는 상황의 원인이다. 프랙탈 구조의 외곽부 문제에 대한 가장 기본적인 답은 수송력이 철도보다 작은 지선망을 확충하는 데 있다. 각종 버스가 전형적인 답이다. 버스가 단순히 민간 사업자의 재산이 아니라 계획의 관점에서 활용될 수 있도록 만드는 제도적 장치가 필수적이다.

더불어 결코 망각해서는 안 될 문제가 있다. 2022년의 관점에서 볼 때 바로 이 외곽부의 생활권이야말로 확장된 걷기 공간을 넓혀 나가야 하는 장소이다. 이 지역은 자동차 수송분담율이 높고, 이는 공공교통과 걷기 여건이 모두 열악하기 때문이다. 이를 위해 좀 더 작은 시가지와 그 주변도로의 역 주변 도로부터 이들 도로가 구조 면에서 활동적 교통을 환대할 수 있도록 만들어야 한다.[29]

여기에서는 이 프랙탈 구조 말단부의 처리 문제가 나온다. 바로 이 지점에서부터 2차 자동차 지

---

29   횡단보도를 200m 간격으로 촘촘히 배열해 보행망 연계를 강화하는 기본적 조치도 여전히 부족하다. 100m 간격으로 횡단보도 간격을 좁히자는 제안이 담긴 다음 연구가 인상적이다. 홍다희·한상진·조윤지, 『보행·개인교통 활성화를 위한 도시부 도로 네트워크 구축방안』(한국교통연구원, 2021), 105~114쪽.

배로 인해 등장하게 될 미래 (자율주행, 전기) 자동차를 무인 셔틀버스로 활용해야 한다. 현재의 도로 차선 가운데 하나에 무인 셔틀버스를 도입하면, 그것이 곧 공공교통망이 이루는 허브 앤 스포크 구조의 말단을 강화하는 방법이다. 인건비가 비싸 운영하지 못했던 지선 노선에 도로 여건을 정비하여 무인 전기 공영 버스를 투입하는 방식으로 망을 확대해 나간다면, 기존 노선망과의 충돌을 피할 수도 있다.[30] 더불어 이렇게 운영될 자율 차량이 지금의 인간 운전자보다 더욱 보행자를 우선시하고 배려하는 방향으로 의사소통을 할 수 있는지에 대해 폭넓은 검증이 필요하다.[31] 이렇게 제2차 자동차 지

30 인구 약 60만 명의 항구 도시 리스본에 대해 자율주행차 운용 시뮬레이션을 수행한 결과, 대중교통을 병용할 경우 자율주행 차량의 인원 탑승량, 개인 자가용 비율과 무관하게 러시아워의 차량 통행량과 필요 주차장 규모가 병용하지 않았을 때보다 감소했다. OECD & ITF, *Urban Mobility System Upgrade: How shared self-driving cars could change city traffic*, 2015, OECD: 25. 다만 같은 보고서에서 하루 전체에 걸친 차량 주행거리 총량은 증가하므로, 차량의 에너지 효율을 높이는 것은 자율주행차의 활용을 위해 무엇보다 필수적인 과제라고 할 수 있다.

31 "보행자는 안전하게 길을 건널 수 있을지 없을지 어떻게 알 수 있을까? 지금 같으면 아마 보행자가 운전자와 눈을 마주치거나 손을 흔들어 사람이 지나간다고 알려 줄 것이다. 그러나 자율주

배 시대를 예고하는 기술을 지금보다 더 확장된 걷기 공간을 넓히는 기술로 활용한다면, 새로운 기술에 기반을 둔 약속은 오래된 기술에 기반을 둔 약속과 통합되어 공공교통망을 보완하는 약속으로 거듭날 것이다.

손가락 모형에서 깍지 모형으로

하지만 당연하게도 자가용 승용차는 여전히 존재할 것이다. 개인의 움직이는 성체로서, 차주의 정체성과 자유를 대변하는 의미까지 지니는 것이 승용차인 이상 15억 대에 달하는 자동차의 수가 극적으로 줄어들 리 없다. 이들 승용차는 지금보다 더 빠르게 달릴 것이고, 차량의 인지와 제어 체계가 더욱 기민해짐에 따라 도로 용량도 커질 것이다. 승용차의 주행거리 역시 무인화가 진전되면서 점점 더 늘어날 것이라는 메타 연구가 있다.[32] 이렇게 새로운 기술에 기반한 약속을 믿고 더욱더 늘어나게 될 승용차들이, 철도로 뼈대를 잡은 회랑, 다시

행 시대에는 이런 신호를 자동차가 보내야 한다." 안드레아스 헤르만·발터 브레너·루퍼드 슈타들러, 장용원 옮김, 『자율주행』(한빛비즈, 2019), 271쪽.

32 Zia Wadud, et al. op. cit.

말해 확장된 걷기 공간의 회랑을 1차, 1.5차 자동차화 과정보다도 더욱 강력하게 흐트러뜨릴 수 있다는 가능성에 어떻게 대응할 것인지가 남은 문제다.

이런 상황에서 참고할 만한 그림과 숫자가 있다. 그림이란 평지 도시 코펜하겐의 손가락 모형이다. 숫자란 산악과 바다가 거의 마주 보고 있는 험준한 지형의 도시 부산, 그리고 야트막한 언덕 사이의 평지 위에 건설되었고 간척으로 평지를 넓혀온 인천의 대중교통망 이용 실적이다.

지도 2는 코펜하겐의 도시계획 개념을 나타낸다. 이 도시는 평지에 있어 지형 여건을 통해서는 무정형적 확산을 막을 수 없다. 여기에 대응해 계획가들이 택한 방법이 바로 손가락 계획이다. 도심과 그 주변 구역은 손바닥처럼 하나의 면을 이룬다. 이 면 내부는 도시로 꽉 차 있다. 한편 그 주변, 위성 도시들은 손가락처럼 길게 이어진다. 이들 손가락 사이의 토지는 농지, 삼림, 습지를 포함하는 보존 녹지로 설정된다. 더불어 손가락의 뼈대는 모두 철도가 잡는다. 물론 자동차를 지원하는 도시고속도로도 있지만, 보존 녹지가 지켜지는 한 연결 도로 주변으로 무정형적 확산 현상이 벌어지지는 않을 것이다.

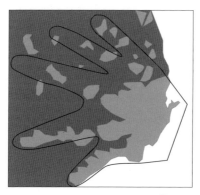

〔지도 2〕 코펜하겐의 '손가락 계획'[33]

　　더불어 손가락 계획은 시가지와 녹지의 접근
성 또한 향상시킨다. 도시 축 사이의 공간이 보존
녹지인 이상 시가지의 거울상처럼 녹지 축이 생겨
나기 때문이다. 도시와 녹지가 마치 깍지를 맞잡은
듯하다.[34] 이렇게 녹지가 가까운 시가지는 열섬 현
상이 완화될 것이고, 이를 통해 에어컨 가동의 필
요와 강도도 줄일 수 있다. 녹지와 바람길의 관계

33　진한 회색이 녹지, 연한 회색이 시가지. 티머시 비틀리, 이시철
　　옮김, 『그린 어바니즘』(아카넷, 2013), 96쪽을 참조해 현 위성
　　지도 위에 그렸다.
34　2021년 12월 녹색당 정책대회에서 진행한 발표를 준비하며 처
　　음 떠올린 표현이다.

또한 부인할 수 없으므로, 녹지 축은 도시의 대기 질에도 도움이 된다. 또한 녹지축과 철도망의 교차 지점에 역을 건설하면 시민들이 굳이 차를 끌고 멀리까지 나가지 않아도 야외 활동을 할 만한 녹지에 접할 수 있게 된다는 점에서, 차량의 비중을 줄이기 가장 어려운 통행 목적인 여가에 대해서도 공공교통망을 대안으로 제시할 수 있다. 더불어 이는 기후위기 속에서 오히려 그 중요성이 커질 농업의 공간을 보전하는 방법이기도 하다.

도표 3은 지형이 극히 대조적이지만 인구 규모, 그리고 인구 밀도가 유사한 두 도시의 하루 평균(1년 전체) 대중교통 통행량과 인구 규모를 대조해 보여 준다. 부산의 하루 대중교통 이용객은 인구의 80%에 달하지만, 인천의 경우 그 값은 대략 50% 선이다. 인천 동측 30km 지점에는 인구보다 하루 대중교통 이용객이 더 많은 도시인 서울이 존재한다는 것을 감안하면, 그리고 2017년 시점 부산의 광역철도망은 부산김해경전철뿐임을 감안하면, 주변 도시는 오히려 인천이 유리하다. 그렇다면 이 두 도시에서 볼 수 있는 대중교통 수송량 차이는 결국 지형과 그로 인해 뚜렷해진 회랑의 존재를 통해 설명해야 할 현상이다.

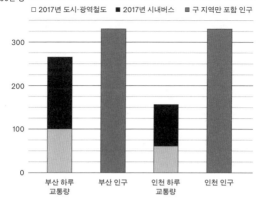

〔도표 3〕 부산과 인천의 2017년 주민등록인구와
하루 평균 대중교통 이용객 규모[35]

　　지형이 도시 축을 형성하는 데 기여하는 이유
는, 무정형적 도시 확산 현상에 대한 차단막 가운
데 인간이 바꾸기 가장 어렵기 때문이다. 인류는
산과 강을 만들어 낸 자연사를 바꿀 수 없고, 그에
순응할 수밖에 없다. 아니면 평지에 비해 막대한
개발 비용을 물어야 한다. 부산과 같은 곳에 흔한
급경사지는 규제를 집요하게 회피하는 영리한 행
위자들에게도 피할 수 없는 실재다. 규제를 활용한

35　인구에는 구 지역의 값만 포함되어 있다.

도시를 구하는 방법　　　193

다면, 지형이 강요하는 피할 수 없는 개발 비용 부담을 모사해야 한다.

수도권은 물론 한국 전체에서, 무정형적으로 확산된 제조업 공간의 재배치는 결정적이다. 계획 입지의 경우, 이들을 철도 축 인근에 입지시켜야 한다. 이를 통해 통근, 출장객을 철도와 통근버스 망으로 흡수하고, 물류 수송 역시 도모한다. 이것은 길 자체를 효율적으로 활용하는 방법이기도 하다. 도심 방면으로만 교통량이 쏠릴 경우, 이들 방향의 배차를 유지하기 위해 외곽 방향으로 향하는 차량을 비슷한 빈도로, 그러나 텅 빈 채로 운행해야 한다. 이들 차량 역시 채울 방법을 찾아내야 시스템 전체의 에너지 효율도 오른다. 무정형적으로 확산된 제조업 공장들을 쉽게 옮길 수 없을 정도로 공장의 양과 규모가 막대하다면, 이들을 고도화하기 위해 필요한 생산자 서비스업 거점을 역 주변에 설치하고 여기에서 통근버스 등의 방사형 교통망을 확보하여 통근, 출장 등의 수요를 가능한 한 공공교통망으로 흡수해야 한다.

이는 지난한 작업일 수밖에 없다. 나는 대체 어떤 변화가 일어날 것인지 이야기하기 위해 도시 축과 녹지축 결합을 손가락으로 의인화해 본다. 인간과 건물로 이루어진 도시라는 한 손, 그리고 식물과 주변 생태계로 이루어진 녹지라는 또 다른 손이 서로 깍지를 낀다.

깍지는 정말로 친한 사람들끼리만 낄 수 있다. 한쪽이 다른 한쪽을 으스러뜨리는 것이 아니라, 서로의 결속과 존중을 나타내며 서로에게 의존하는 관계임을 확인하는 신체 동작이 바로 깍지다. 자동차 지배 공간이 주도하는 도시에서는 한쪽이 다른 한쪽을 으스러뜨릴 것이다. 난개발 끝에 녹지는 모두 사라지고 어디에 무엇이 있는지 알 수 없는 뒤죽박죽인 도시가 생겨나는 것이다. 반면 확장된 걷기 공간이 주도하는 도시에서는 난개발이 억제되고 깍지 구조가 유지되어 공공교통망에서의 탈출이 절실하지 않을 것이다.

도시 외곽의
소외된 사람들을 위하여

이제 시선을 깍지의 말단부, 외곽 지역으로 돌려 보자. 이곳은 자동차 교통을 억제하는 일이 얼마나 어려운 것인지 보여 주는 산 증거다. 기후위기 대응을 이유로 집행된 유류세 인상에 반발하는 노란 조끼 시위대가 프랑스에서 나타난 것이 2018년의 일이다. 한국 역시 노란 조끼가 잠재하는 곳임을 도표 1에서 확인했다. 1인당 탄소배출량이 줄어든 지역은 오직 서울뿐이다. 심지어 부산에서도 배출량은 늘었다. 도 지역의 증가세는 더욱 가파르다. 여기에서 원인자 부담 원칙을 함부로 들먹이거나, 이동의 과도함을 이야기하거나, 자동차 지배 공간이 강요하는 비용에 대해 이야기할 수 있을까?

게다가 이들 지역은 지금까지 자동차 지배를 받아들였듯 제2차 지배 역시 받아들일 가능성이 크다. 도로 용량은 남아돌고, 지가가 낮은 이상 태양광 발전소를 지어 앞으로 수요가 늘 에너지 저장 장치 영업을 하기에도 좋다. 인구 밀도가 떨어져 공유 차량 영업이 어렵긴 해도, 어차피 있고 또한 있어야 하는 차량의 운전 편의를 개선한다는 기술적 비전을 거부할 사람은 없을 것이다. 이대로 내버려두면 이들 지역은 자율주행차의 천국이 되어 자동차 지배 공간은 더욱 넓어질 것이다.

이런 외곽 지역의 시민들에게 그럼에도 자동차 지배만으로는 한계가 크다고 답할 출발점은 이동력 분배의 문제라고 생각한다. 승용차가 지금도 비싼 수단이라는 데에서 출발하자. 단위 시간에 높

196

은 가치를 부여하는 사람들만이 승용차의 비용을 부담할 수 있다. 이로 인해 설사 군 지역이라고 하더라도 승용차가 모든 인구를 포괄하지는 못한다. 이들은 자신들의 마을이나 15분 도시를 벗어나기 위해서는 결국 공공교통을 활용하거나 다른 사람의 차량에 편승해야 한다. 그리고 이 가운데 공공교통을 활용하는 비중은 생각보다는 높다. 비수도권 도 지역조차 노동계급 여성의 절반이 여전히 공공교통을 이용해 통근한다.[36] 공공교통은 이런 사람들이 타인의 개인 차량에 의존하지 않고도 이동할 수 있도록 돕는 수단이다. 이 수단을 확대하는 것은 지역 내부의 저소득층 또는 제도적, 인지적 이유에서 승용차를 활용하기 어려운 사람들의 이동력을 증진하는 방법이다.

이런 설득이 어떤 효과를 가질 것인지 가늠할 수 있는 하나의 사례가 바로 지방 무궁화호의 감편에 대한 대중적 반응이다. 광주송정~보성~순천을 잇는 서부 경전선은 2022년임에도 여전히 최고 속도 60km/h로 열차가 달리고, 승객 수도 얼마 되지

---

36 2015년 센서스의 통근통학 데이터를 활용한 계산이다. 전현우, 앞의 책, 7장 도표 28.

않으며 전국적으로도 존재감 없는 노선이다. 그렇지만 이 낡디낡은 노선을 달리는 열차가 줄어든다는 뉴스에 사람들은 분노를 표한다. 소외된 사람들을 위한 열차가 줄어드는 사태를 용납할 수 없다고 생각하는 사람들이 여전히 많다. 물론 다음 세대의 자동차 기술이 모든 것을 해결할지도 모른다. 그러나 그 시기는 아직 기약이 없다. 심지어 5단계 자율주행, 즉 운전자가 전혀 필요 없는 자율주행 시스템이 도로를 누비는 것은 2070년대의 일일 것이라는 예측까지 있다.[37] 그렇다면 앞으로 수십 년은 외곽 지역에서도 공공교통을 계속 활용하지 않을 수 없다.

좀 더 야심 찬 목표를 잡을 수도 있다. 외곽 지역의 공공교통망은 이동력 분배 장치를 넘어 외곽 지역의 중산층, 나아가 관광객과 같은 방문객 역시 흡수하는 것을 목표로 해야만 한다. 지금은 대부분 자동차 지배 공간으로 빠져나간 중산층과 방문객을 역 근처의 걷기 공간으로 끌어들이자. 그러면 해당 걷기 공간은 사람의 밀도가 높아지고 다양

---

37 도시공학자 스티븐 슐라도버의 예측으로 차두원·이슬아, 앞의
    책, 235쪽에서 재인용.

성이 높아져 제이콥스 메커니즘이 발동할 가능성이 높아진다. 배차 간격을 좁히거나 더 빠른 열차를 투입하는 등 공공교통망의 서비스 역시 높일 수 있다.

이때 핵심 목표는 공공교통이 저소득층을 위한 분배에만 쓰이는 열등한 수단에 머물지 않도록 만드는 데 있다. 더불어 관광객을 흡수하면 이들이 지역의 도로 용량을 점유해 정작 승용차를 급하게 필요로 하는 지역 주민들이 차량을 이용하기 어려워지는 상황도 줄일 수 있다. 광역권 중심도시 입장에서도 이렇게 공공교통망으로 광역 통행을 흡수하면 중심도시의 정체와 주차장, 도시 확장 수요를 줄여 도시를 관리하기 한결 편해진다.

이렇게 흡수할 수 있는 중산층과 관광객의 숫자에 의해 설득력이 좌우될 것이다. 각 지역은 승용차를 가지지 않아 기동력이 떨어지는 인구가 빠져나가는 빨대 효과를 두려워하는 것이 현실이기 때문이다. 그러나 나는 이런 태도가 하늘이 무너질까 두려워하는 것과 다르지 않다고 생각한다. 대부분의 비수도권 도시에서 승용차의 지배력은 압도적이다. 이들 승용차는 이미 완성된 고속도로망과 국도망을 자유롭게 이용할 수 있다. 그 결과 위성 도시에서 중심 도시로 들어가는 통행 그리고 주요 대도시 사이의 통행의 80~90%는 승용차로 이루어지며, 이렇게 중심 도시로 향하는 통행의 양은 많은 경우 인구의 절반에 달하는 것이 현실이다. 빨대 효과가 있다면, 그것은 이미 자동차 지배 공간을 통해, 자동차가 접근할 수 있는 모든 지역에 걸쳐 철저하게 구현되고 있다. 이런 상황에서 자동차를 소유하지 않아 기동력이 떨어지는 인구가 빠져나가지 못하게 붙잡고 있는 것은 이들을 포로처럼 붙잡고 앉아 공멸을 기다리는 태도와 다르지 않다.

외곽 지역의 중산층이 다시 지역 중심지에 접근하게 만들고 지역 내 공공교통에 관심을 가지게 만들 계기가 필요하다. 철도와 같은 체계적 공공교통망을 빼고 그럴 가능성이 얼마나 될까? 이렇게 모인 사람들을 통해 역 주변 구도심을 다시금 확장된 걷기 공간으로 바꾸고 도시 생활의 활기를 증폭시키는 것, 그리고 이 망을 효율적으로 운영해 사람들이 시간과 구매력을 아끼도록 돕는 것. 바로 이런 그림이 내가 외곽 지역의 소외된 사람들에게 내놓고 싶은 답이다.

3부 　　　우리가
　　　　　찾아갈 길

"당신이 원한다면, 이제
당신의 의견을 들려줄 차례다.
당신은 어디에 착륙하고 싶은지,
누구와 함께 장소를 공유하며
살아가기로 했는지 이야기해 달라."
—브뤼노 라투르,
『지구와 충돌하지 않고 착륙하는 방법』

몇 년 전부터 매일의 이동 기록을 남기고 있다. 구글 지도의 타임라인 기능에서 도움을 받는다. 내가 실제로 얼마나 탄소를 뿜는지 궁금해졌다.

　　몇 년 전까지는 승용차를 사지 않으면 되는 것 아니냐는 정도로 생각하고 있었지만, 택시는 물론 나를 태우러 움직인 다른 사람의 승용차 이동도 감안해야 할 것 같았다. 실제로 이렇게 신경을 쓴 첫해에 바로 승용차와 택시 이용량이 절반 이상, 1000km/년 이상 줄었고, 배출량도 200kg 이상 줄어든 것으로 계산되었다.(km당 142g을 기준으로 계산) 비행기 또한 피한다. 제주 역시 배를 타고 갔다. 다만 얼마 전 유럽 출장길은 마음에 걸린다. 대륙 간 비행이니 배출량은 톤 단위다. 항공사의 안

내에 따라 약간의 돈을 기부했지만 조사해 보니 기부한 돈은 비행 시점의 탄소배출권 가격에도 미치지 못했다. 여기에 대해서는 아직 뭔가 조치를 취하지 못한 상태다.

기록에는 스프레드시트를 사용한다. 엑셀을 소련이 발명했다면 소련은 망하지 않았을 것이라는 농담도 있지 않은가? 그보다 한 세대가 더 지나 대략적인 이동 경로도 기록하는 타임라인 기능까지 생긴 만큼 상황을 체크하는 노고 자체는 이제 크지 않은 편이다. 이제 중요한 문제는 매일같이 쌓이는 기록을 어떻게 가공할 것이냐는 문제처럼 보였다.

누구나 기록을 활용해 계획을 세운다. 어떤 수단을 이용해 이동하든, 이동은 그의 계획에 기반해 이루어지는 것이다. 그리고 이 계획 속으로 기후 문제를 집어넣을 통로는 제대로 눈에 띄지도 않고, 만들어 내려면 노동집약적이기까지 하다.

계획은 각자의 목적과 각자의 삶 속에서 이루어진다. 출퇴근은 직장과 집의 관계에 따라 달라질 것이다. 여행이라면 변수가 좀 더 다양할 것이다. 이동의 위기는 이들 계획 속에 결국 기후위기를 왜 반영해야 하며 어떻게 반영할 것이냐는 문제를 부른다. 어디가 기후 문제가 발을 뻗을 자리인지 찾아야 한다.

자신이 사는 도시의 도심이 번영하는 것을 싫어할 시민은 없다는 데에서 시작하자. 걷기 공간 그 자체는 승용차가 교통량의 90%인 도시의 행정 당국에서도 열을 올리는 개발 방향이므로 이 공간을 철도로 연결하는 일 역시 어디에서나 환영을 기대할 만하다. 문제는 자동차 지배 공간이다. 기후 위기가 아니더라도, 자동차 지배 공간을 억제하는 일은 지난 수십 년간 계획가들의 목표로 강조되었다. 과거 한국이 택한 그린벨트든, 코펜하겐의 손가락 모형이든, 모두 20세기 중반부터 제도화된 것이다. 그럼에도 자동차 지배 공간의 팽창은 오히려 가속화되었다. 오늘의 교통과 도시는 이렇게 자동차 지배 공간을 팽창시킨 수많은 일상의 계획 위에 서 있기 때문이다.

이 일상의 계획을 단순히 부정한다면, 그것은 오만에 지나지 않을 것이다. 개발이 억제될 외곽부 토지의 재산권, 자가용 차량을 몰 자유는 오늘의 도시와 교통을 만든 핵심 동력인 이상 부정하는 순간 반론을 받을 수밖에 없다. 자동차 지배 공간을 억제하려는 시도는 생계를 영위하고 부의 축적을 이루기 위해 토지를 활용하고 차량을 운용하는 사람들의 자유를 구속하는 폭거일 수 있다. 결국 삶의 양식을 바꾸라는 성가신 요구를, 당장 늘어나는 비용에 고통을 호소하는 사람들 앞에서, 대체 어떻게 할 수 있을까?

명절 통행료 논란

고속도로 통행료 논란은 자동차 지배를 억제하려는 작업이 직면할 반발이 어떤 것인지 확인할 수 있는 사례다.

2017년 이후 한국도로공사는 명절에는 고속도로 통행료를 받지 않는다. 이 제도는 대중적인 반감에 기반한다. 개개의 통행자들은 정체가 발생할 경우 고속도로의 기능을 상실했다는 이유에서 자신은 도로 통행료를 내서는 안 된다고 생각한다. 명절에는 1년 중 최악의 교통 체증이 발생한다. 실제로 고속도로에서만 돈을 추가로 받는 이유는, 무료 도로망에 더해 실제로 설계 속도가 높은 고급 도로를 추가로 건설한 비용의 일부[1]를 수혜자(크게

---

1   통상 건설비의 절반 이상이 공사채로 조달되며, 통행료는 이를

보아 원인자)에게 물려야 한다는 주장 때문이다. 그렇다면 명절 감면은 지금의 제도가 깔고 있는 논리에서 도출된 자연스러운 귀결이다.

하지만 혼잡통행료나 교통유발분담금, 주행세의 정당화 기반이 되는 혼잡 비용이란, 각각의 차량이 길에 나와 다른 차량의 앞길을 막았다는 데 주목해 산정되는 값이다. 그렇다면 혼잡 비용에 기반한 과금은 혼잡한 도로에 더 높게 책정되어야 한다. 서로가 서로의 길을 막아 모두가 움직이지 못하게 하는 것보다는, 원인자 부담 원칙을 감당할 능력이 있는 자들에게 도로를 열어 주자는 것이 이 혼잡 비용의 논리다. 결국 혼잡 비용의 논리에, 다시 말해 원인자 부담의 원칙에 기반을 두고 도로 요금의 징수 원칙을 재편할 경우 명절에는 오히려 할증 요금을 그것도 꽤 큰 폭으로 받아야 한다.

두 논리의 대립을 대중적 인식과 전문가적 논리의 대립이라고 보는 관점은 적확하지 못하다. 나는 오히려 요금 제도의 역사가, 도로공사가 가진 독점적 지위가, 명절이라는 시기가 두 논리의 분기를 만들어 냈다는 것이 적절하다고 본다. 국도망

갚기 위한 돈으로 보면 된다.

은 무료인 상태에서 고속도로에만 원인자 부담 원칙을 적용한 이상 고속도로 요금은 고급 도로의 기능에 따른 부가 요금으로 인식되는 것이 자연스럽다. 게다가 도로공사는 사실상 전국에 걸친 고속도로 독점사업자이므로 가격결정권을 가진 것처럼 보인다. 독점사업자에 대한 표준적인 대처 방법은 결국 정치의 개입이다. 이들이 정치적으로 통제될 수 있다는 것을 보여 주는 퍼포먼스로 명절 고속도로 요금 감면을 선택하는 것은 매우 비용 효율적인 선택일 것이다. 더불어 명절 통행의 탄력성은 낮을 것이며, 높은 요금을 받으려는 것은 필수재를 팔아 얻은 독점이익을 강화하려는 수작에 지나지 않을 것이다. 심지어 명절은 사회 전체적으로 분위기가 풀어진 시점이기도 하다. 음주단속조차 적당히 넘어가는 관례가 여전하다. 이때 도로 요금 따위의 푼돈을 엄격하게 받아내려는 방침이 '좀생이' 같다는 생각을 하는 사람들이 적지 않을 것이다.

　이 상황을 불러온 원인 가운데 역사를 넘어설 수는 있을 것이다. 모든 도로를 운행할 때 조금이라도 돈을 내야 한다는 요구는 (당연하게도 명절에 운임을 받는) 다른 교통수단을 감안하면 명절에도 실현될 수 있다. 도로 역시, 어느 구석진 곳이라 할

지라도, 그리고 푼돈이라도 사용료를 내야 하는 망이다. 이 요구는 단지 유류세에 덮여 눈에 띄지 않았을 뿐이다.[2] 낙관적으로 생각해 이렇게 주행세가 기본이 되도록 하는 작업이 십수 년 동안 흔들리지 않고 이어진다면 그 자체가 새로운 역사가 되어 장기지속적 지위를 차지하게 될지도 모른다. 그리고 이것으로 충분한 자금이 모인다면, 확장된 보행 공간을 넓히고 자동차 지배 공간은 억제하는 과제가 실현될지도 모른다.

여전히 문제는 남는다. 도로공사의 독점 지위는 물론 명절 특유의 분위기 모두는 변화하지 않을 것이기 때문이다. 논의를 위해 명절이라는 분위기는 논외로 치자. 연중 2%의 기간인 만큼 다른 기간에 더 철저하게 감축을 시도하면 된다고 볼 수도 있으니 말이다. 그러나 독점 지위, 그리고 이들 독점 기업의 부당 이익을 통제하고 있다는 퍼포먼스가 필요한 것이라면 문제는 다르다. 연중 어느 때보다도 통행을 원해 비싼 가격을 치르고서라도 통행하겠다는 소비자들이 많은(즉 탄력도가 낮은) 명

---

2   2021년 현재 차량에 붙는 세금의 구체적 내용은 박상준·모창환·박상우·김자인, 『탄소중립 교통체계 구축을 위한 교통 세제 및 보조금 개편방안』(한국교통연구원, 2021).

절에 벌어들인 독점 이익을 정치의 힘으로 몰수하는 것이 정말 부적절한 일이냐는 의문이 남을지 모른다. 독점으로 인한 사회적 손실이라는 경제학의 언어를 혼잡 비용이라는 교통공학의 언어가, 나아가 물질 자원의 유한성이라는 생태적 언어가 정말로 압도할 수 있는 것일까?

삶과 일상 역시 계획을 뼈대로 한다는 데에서 다시 출발해 보자. 거시적 계획은 긴 시간을 놓고 개인의 계획과 거시적 계획이 정합하는 부분을 계속해서 찾아내는 한편, 때로 만만찮은 대응 논리와 맞서 가며 조금씩 내 편을 늘려가야 하는 입장에 처해 있다. 교통에서 이런 입장은 사실 완패해 왔다. 명절 고속도로 통행료 감면이 환영받고, 심지어 공공성을 강화하는 조치라고 주장되는[3] 현실은 이 완패가 어떤 수준인지 보여 준다. 원인자 부담의 원칙은 망각되고, 도로는 공짜가 기본이라고 인식되고 있는 것이 현실이다. 혼잡통행료가, 교통유발분담금이 왜 실패했는지, 미래의 주행세와 여러 다른 교통 수요 관리 방법이 어떤 난관에 처할지 불을

---

3   유정복·이종훈·심현정, 「도로의 공공성강화 방안 연구」(한국교통연구원, 2017년 9월 25일).

보듯 뻔해 보인다.

무엇에 의해 행동할 것인가?

사람들을 바꿀 수 있는 힘을 이렇게 나눌 수 있다. 사회적 압력, 행동을 특정한 방향으로 유도하는 사물의 배치(affordance) 그리고 개인의 마음. 도시의 미래, 에너지 체계와 탄소 누적, 노년기나 미래 세대의 상황과 같은 것은 이들 힘에 비해 사람들에게 시간적으로든, 공간적으로든 멀리 있다. 이동의 위기를 넘기 위해서는 이 간극을 넘어야 한다. 사람들을 움직이는 힘 가운데, 무엇을 어떻게 바꿀 것인지가 문제로 떠오른다.

먼저 사회적 압력에 주목해 보자. 사회적 규범에 맞지 않게 행동하는 사람들에게 사회는 몇 가지 압력을 가할 수 있다. 가령 불법 주정차 단속을 통해, 과속과 음주 단속을 통해 경찰은 운전자에게 사회적 의무를 준수하라는 압력을 가한다.

그렇지만 사회적 압력은 역시 그 압력을 실제로 가하겠다고 마음먹은 주체가 있어야 현실이 될 수 있다. 말로, 제도로, 행동으로 무언가를 정말 해야만 한다는 점에서, 사회적 압력은 많은 사람들의 힘을 필요로 한다. 이렇게 힘든 일을, 압력을 집행할 주체가 진정으로 승복하지 않은 상태에서 계속할 수 있을 리가 없다. 게다가 사회적 압력은 이를 의도적으로 회피하는 사람들에게 그저 비웃음거리가 될 뿐이다. 주행세를 피하기 위해 정보를 제공하지 않거나 차량의 단말기를 파괴해 버리는 사람들이 얼마든지 있을 것이다. 사회적 압력은 겉보기에는 무시무시해 보이지만, 실은 빈틈투성이일 뿐이다.

조금 더 힘들지 않게 사람들을 움직이는 방법도 있다. 넌지시 권하기(nudge). 이는 계약이나 관행의 기본값을 바꿔 놓는 방법으로 해석된다. 가령 항공권을 구매할 때 기후 관련 단체에 기부하겠다는 항목에 자동으로 체크를 해 놓도록 예매 사이트를 설계한다면, 사람들은 자연스럽게 항공권을 사면서 기부를 하게 될 것이다. 넌지시 권하기는 사회적 압력에 비해서는 힘을 덜 필요로 한다. 일단 상황을 갖춰 놓으면 알아서 잘 작동하기 때문이다. 사회적 압력이 개인 외부의 능동적 행위자를 필요로 하는 장치라면, 넌지시 권하기는 일종의 피동 장치인 셈이다. 능동 장치가 멈췄을 때 피동 장치보다 힘이 되는 것은 없다. 하지만 이 역시 늘 의도대로 작동하는 것은 아니다. 고속도로 통행료는 분명 50년 이상 기본값이었지만, 그 의미에 대한 이견이 있어 명절 통행료는 결국 면제에 이르고 말았다.

넌지시 권하기의 문제는 무엇일까? 결국 속았다는 느낌, 조작당한다는 느낌을 피하기 어렵다는 점에 주목하고 싶다. 여기에 생각이 닿은 사람들이 넌지시 권하기 기법을 통해 권하는 내용을 기꺼이 받아들이리라고 믿기는 어렵다. 심할 경우 격렬한 반감이 폭발할지도 모른다. 사람들을 조작하려는 의도가 가시적으로 드러나는 사회적 압력보다, 이렇게 은근하게 권하는 것이 더 큰 스트레스가 될 수 있다.

결국 우리는 다시 개인의 마음으로 돌아오게 된다. 개인의 행동과 이보다 더 가까이 있는 것은 없다. 이 마음이 내리는 결정에서, 모든 것은 아니지만 정보는 빼놓을 수 없는 힘을 가진다. 특히 이해관계로부터, 사회적 압력이나 넌지시 권하기 방법으로부터 독립적인 정보보다 판단에 더 소중한 것은 없다. 스스로 판단하려는 사람에게, 이 정보는 대체할 수 없는 힘을 준다. 이 정보는 그가 속지 않았다는 것을,[4] 그리고 해당 행동과 그 결과를 자

---

4   이것은 사람들이 소박한 실재론, 즉 감각 경험의 대상이 되는

신의 미래를 위해 어떻게 활용할 수 있는지 보여
주는 증거이기 때문이다.

이렇게 속지 않았다고 믿을 만한 충분한 정보
에 바탕을 두고, 개인이 자발적으로 내리는 동의와
판단을 정보 기반 동의(informed consent)라고 부
르자.[5] 동의의 기반이 어디에 있는지 드러낼 수 있
기 때문이다. 최선의 정보가 모든 것을 바꿀 수는
없다. 하지만 적어도 자신이 속았거나 허술한 상황
에 처한 것은 아니라는 믿음을 줄 수는 있고, 스스
로의 행동에 통제권을 가지게 되었을 때 현실과 맞
지 않는 방향으로 판단하고 행동하지는 않을 것이
다. 물론 인간은 제한된 역량과 시간 속에서, 자신
의 과거에 묶인 상태에서 판단한다. 정보를 아무
리 많이 주더라도 소화 불량에 걸리면 소용이 없다.
이렇게 되면 개인이 자율적이고 불편부당한 주체
가 되어 능동적으로 판단한다는 이상과는 거리가

사물은 그 존재를 믿을 만하고 과학이 제시하는 것 역시 그에
준해 믿을 수 있다는 신조를 가지고 있기 때문이다.

5   대한의사협회 의학용어위원회가 펴낸 의학용어집(제6판,
    http://term.kma.org/)에서는 '사전 동의'로 옮긴다. 기거렌처
    의 『숫자에 속아 위험한 선택을 하는 사람들』(살림, 2013)을 옮
    길 때는 동의의 실질적인 조건을 조명하기 위해 "충분한 설명에
    따른 동의"라는 표현을 썼다.

멀어진다.

그러나 위기를 넘을 다른 방법은, 아마도 없을 것이다. 인간은 자신이 마음에 들지 않는 무언가를 피하기 위해서는 그 누구보다도 창의적이다. 이렇게 마음에 들지 않는 것 가운데 최악은 역시 속는 것, 그리고 누군가에 의해 떠밀려 다니는 상황일 것이다. 탄소 배출을 줄이기 위해 필요한 여러 조치가 이렇게 받아들여지지 않으려면 각자의 삶과 이유 속에서, 기후위기와 이동의 위기를 곱씹을 시간과 정보가 필요하다. 모든 사람에게는 스스로 상황을 이해할 여유가 필요하다. 이렇게 스스로 상황을 이해하고 자신의 맥락 속에서 정보를 적용해 최선의 방법을 찾는 작업은 개개인이 스스로 해야만 하는 일이다. 모든 사람이 각자 지키고 있는 자신의 성채에 기후 문제를 진입시키려면 결국 그 자신이라는 문지기를 설득해야만 한다.

길 위에서
자기 가치감 높이기

그러나 단순히 거시적 계획의 관점을 넘어 개개인의 계획에도 도움이 되는 것에 대해 말할 수 없다면, 정보 기반 동의는 현실이 될 수 없다.

모두가 동의할 만한 하나의 조건은 바로 자기 가치감(self-respect, 또는 self-esteem)이다.[6] 개인이 자신의 활동과 행위에서 느끼는 자기 가치감은 개인이 할 수 있는 다른 모든 것의 기초다. 이것 없이는 어떤 것도 무의미하게 느껴질 것이다. 아무리 강인해 보여도, 자신의 활동에서 의미를 찾지 못하면 결국 무너지는 것이 인간이다. 의미를 찾을 수 있다면 아무리 어렵고 힘든 일이라도 기꺼이 나서는 것이 또한 인간이다. 이렇게 힘이 센 이상 정보 기반 동의라는 계약서에 사인을 받기 위해 개개인의 성채에 찾아가 내용을 촉구할 상대는 바로 이 자기 가치감일 것이다. 위기의 문턱을 넘을 좁은 길을 찾은 듯하다. 인간은 언제 이동을 통해 스스로의 가치를 느끼는가? 또 언제 이동을 통해 스스로의 가치를 부정당하는 느낌을 받는가?

아주 모범적인 답이 하나 있다. 이동이 자신이 세운 계획대로 잘 굴러갈 때 우리는 스스로에게 가치를 느낀다. 이동을 계획하고 또 실제로 수행할

---

6 존 롤스, 황경식 옮김, 『정의론』(이학사, 2003), 7장 67절 '자존감, 탁월성, 수치심'의 논의를 활용했다.

역량이 충분하다는 사실을 현실로 확인할 수 있기 때문일 것이다. 순간순간이 만족스럽다면 자기 가치감은 더욱 고양될 것이다. 물론 모든 순간이 만족스러울 수야 없지만, 불쾌할 때마다 상황을 만족스러운 쪽으로 조정할 수 있다면 이 역시 자기 가치감을 높이는 데 도움이 된다. 자신의 가치를 부정당하는 느낌을 받을 때는, 그렇다면 이동이 계획대로 굴러가지 않고, 불쾌한 일이 일어났는데 상황을 바꿀 수도 없을 때다.

길이 막혀 오도 가도 못하는 상황은 극도의 짜증을 부른다. 지옥철 속에서 옴짝달싹하지 못하는 상황, 아니면 인파가 밀집된 보행 통로에서 행동의 자유를 빼앗긴 상황도 그렇다. 왜 이동이 피곤한 일로 받아들여지는지, 그리고 이렇게 피곤한 일을 만든 옆 차선의 바보 같은 운전자나 철도 운영사가 비난의 대상이 되는지 쉽게 이해할 수 있을 것이다.

반대 상황도 함께 떠올려 볼 수 있다. 운전 속도를 자유롭게 정할 수 있는 탁 트인 고속도로가, 사람이 많지 않은 고요한 객실이, 한적하고 잘 정비된 보행로가 왜 당신에게 쾌감을 주는지는 바로 당신이 계획한 대로 상황이 흘러간다는 데 주목하면 쉽게 이해할 수 있다.

늘 그렇듯 현실은 회색 지대다. 계획대로 상황이 흘러가더라도, 그 내부의 감각이 그리 만족스럽지 못할 수 있다. 거대도시의 주민이라면 그는 늘 지옥철을 타고, 교통 정체를 돌파해야 할 것이다. 싫더라도 이렇게 할 수밖에 없는 이유가 있다. 자신의 여건에서 최선의 직장과 학교가 결국 집에서 지옥철이나 정체를 뚫고 가야 하는 곳에 있다. 이렇게 몸이 조금 고생하면, 중심지의 높은 집값에서 벗어날 수 있는 만큼 종잣돈을 모으는 데 유리한 경우도 많다.(이렇게 긴 출근길을 감수하는 선택을 '몸테크'라는 속어로 부르기도 한다.) 개인은 자신의 더 넓은 인생 계획을 근거로 불유쾌한 이동이라는 고생을 감수하고 있을 것이다. 설득의 위기를 넘을 또 하나의 문을 찾았다.

두 문을 겹쳐 보자. 인간은 자기 가치감을 가질 수 있어야 기꺼이 움직인다. 이동은 계획대로 잘 굴러갈 때, 그리고 불쾌감이 들 때마다 상황을 조정할 수 있을 때 만족스러울 것이다. 상황이 늘 잘 굴러가지는 않을 것이다. 그럼에도 사람들이 기꺼이 움직인다면, 그것은 이동과 교통을 그 부분으로 삼아 굴러가고 있는 인생 계획의 힘이다.

모든 사람들을 설득하는 데 사용할 수 있는 것

은 단지 소극적인 조건들뿐이다. 인생은 유한하고, 이 유한성은 일정한 시공간적 틀을 가진다는 누구나 동의할 사실.

나는 여기에서 인생의 주기에 따라 우리에게 필요한 이동이 달라진다는 평범한 사실을 활용하고 싶다. 아이는 단위 도시 바깥을 벗어나는 일이 많지 않다. 초등학교는 10여 분 내로 걸어서 가는 것이 기본이다. 청년이 되어 갈수록, 그의 일과는 자신의 도시와 그 주변을 탐험하는 일로 가득 차게 될 것이다. (적어도 이동에 대한 책까지 볼 정도라면 그러리라고 믿는다.) 학교나 직장이 정해지면, 그는 몇 년간 반복해서 이동을 수행하게 될 고정된 회로를 도시 위에 만들 것이다. 이 회로는 그가 은퇴할 때까지 조금씩 변경될 것이다. 이렇게 수십 년간 자신의 삶을 위해 도시에 자신만의 회로를 새기던 노인은 이윽고 은퇴하고, 점차 활동 범위를 좁히면서 삶의 범위를 다시 단위 도시에 국한시킨다.

이렇게 서로 그 속도가 다른 회로가 동시에 존재하는 공간이 바로 길이다. 서로 다른 속도로 인생을 통과하고 있는 사람들의 서로 다른 회로가 이 길 위에 새겨져 있다. 이들 회로가 혼선에 빠지지 않도록 하는 것이 바로 교통망을 구성하고 정비하는 이유일 것이다. 혼선에 빠진 회로는 제 기능을 잃고 만다. 교통망이라면 혼선은 사고와 죽음까지 이어질 수 있다. 고속도로 위에서 일어난 사고라면 이미 일을 각오하고 있던 사람들 사이에 일어난 일이라고 넘어갈 수 있을지 모른다. 사고 쌍방이 모두 자동차보험 가입자일 테니. 그러나 15분 도시 내부에서 이런 일이 일어난다면 상황은 달라진다. 이곳에서 일어나는 사고는 대체로 차량이 보행자를 문자 그대로 짓밟는 차 대 보행자 사고다. 이렇게 짓밟힌 보행자가 무력한 아이나 노인일 가능성도 높다. 서로 다른 속도로 인생을 통과하는 회로들을 너무 가까이 인접시키면, 하나의 회로를 달리던 차량이 각오조차 되어 있지 않던 다른 회로의 누군가를 부숴버리는 일이 일어나게 된다.

　이 길에는 나만이 아니라 다른 사람들의 인생 계획까지 걸려 있다. 사람들이 길에서 죽거나 다쳐 인생 계획이 망가지는 일이 없도록 하려면, 서로 다른 속도로 움직이는 사람들을 분리해야 한다. 이를 위해서는 15분 도시의 설계를 바꾸고, 자동차가 질주할 공간은 따로 내줘야 한다.

　이것은 오늘의 교통을 만든 조건으로 개인의 유한성에 대해서만 이야기하는 것보다 좀 더 아름

다운 이야기처럼 들린다. 단순히 개인의 유한성을 넓히는 것뿐 아니라, 사람들이 서로를 방해하지 않고 각 단계의 인생 계획을 펼쳐나갈 수 있도록 배려하는 것이 교통망 구성의 원칙이라는 이야기이기 때문이다. 그러나 이 작업은 아주 길고도 신중해야 한다. 자동차가 발생시키는 사회적 비용을 계산한 고전적 연구는 이 비용이 다른 비용에 비해 가장 클 것이라고 추산한다.[7] 게다가 고속으로 질주하는 차량을 도시 내부의 다른 공간으로부터 분리하다가 고속도로 인근에 납치된 보행 공간을 증식시킬 가능성도 크다. 이렇게 증식한 납치된 보행 공간보다 교통의 탄소 배출량을 높이고 에너지 소비량을 급증시키는 원천도 없다. 사람들의 삶과 인생 계획을 보호하려다 이동은 물론 문명 전체가 위기로 빠져든다.

이런 함정에서 벗어나는 길로 5장에서 제안한 것이 바로 확장된 걷기 공간이다. 공공교통의 주축에서 벗어난 지점의 토지를 방만하게 활용하려는 시도를 함께 억제할 수 있어야 이 이념형은 충분한

---

7   우자와 히로후미, 임경택 옮김, 『자동차의 사회적 비용』(사월의
      책, 2016), 176~183쪽.

효과를 낼 수 있다. 그러나 그만큼 설득은 어렵다. 이미 자동차 지배 공간에 의존하는 방대한 인구가, 납치된 공간에 의존하는 수많은 인구가, 이들 공간의 역할을 축소하려는 시도에 저항할 것이다.

하나의 실마리는 방금 확인한 원칙이자 도로망 구성에서 이미 활용되는 원칙에 있다. 길은 주변에 있는 사람들의 인생 계획을 망가뜨리지 않아야 한다. 보호해야 할 삶의 범위를 어디까지 넓힐 수 있을까? 한 방향은 바로 미래 세대 방향으로 이어져 있다. 이들이 지구 가열로 인해 불행한 삶을 살지 않도록 하는 것이, 지금의 도로와 길로 인해 인생 계획이 꼬이는 상황보다 덜 중요하다고 할 근거는 없다.[8] 또다른 방향은 지구적 남북 문제로 연결된다. 개도국 인민들의 인생 계획이 무너지는 것이, 선진국 자국 인민의 인생 계획이 무너지는 것에 비해 중요하지 않다고 말할 근거는 없다.

또 하나의 실마리는 공간적, 계급적 불균형에서도 온다. 어떤 식으로든 남게 되는 자동차 시대 이전의 도시 조직, 그리고 공공교통 이용객에게 조

---

8   미래 할인율을 들 수는 있으나, 이것은 양적이지 질적 차이를 주지는 않는다.

명을 비춰 보자. 광역 도시의 구조가 자동차 지배 공간이 연속된 형태로 재배열되면, 역사적 중심지와 그 속의 삶의 방식은 점점 버려지고, 어쩔 수 없이 공공교통을 이용해야 하는 이용객의 삶은 상대적으로 무력해질 것이다. 자동차 지배 공간을 넓히면 역사 중심지 주민 및 이용객과 강제적 공공교통 이용객의 삶이 망가진다는 뜻이다. 이 모든 것을 이렇게 요약해 보자. 내 이동이 다른 사람들의 인생 계획을 꼬이지 않게 한다는 것이 이동에서 얻을 수 있는 자기 가치감의 한 원천이라면, 확장된 보행 공간을 이용하고 지원하는 것은 이 자기 가치감을 높이는 하나의 길이다.

조금 더 나아가 본다. 이런 식의 그림은 결국 인간 사회 내부에 국한된다. 그렇지만 기후위기의 비용은 인간만 지는 것이 아니다. 이산화탄소 농도가 높아져 일어나는 해양산성화[9]는 해양 생태계를 황폐화시킨다. 육상에서도 급격한 기후변화는 대멸종을 부른다. 심지어 비인간 생태계에게 주어진 물리적 공간 자체도 눈에 띄게 좁아져 간다. 그러

9   여기에 대해서는 반론이 없다. 공기중 이산화탄소 농도가 높아져 물에 탄산이 더 많이 녹게 되고, 그에 따라 바닷물이 점점 더 산성을 띄게 된다는 것은 사실상 화학적 사실이니 그런 듯하다.

나 이런 대멸종과 생태계 빈곤화의 비용은 제대로 계산하기조차 힘든 것이 사실이다.[10] 세금과 같은 사회적 압력의 수준을 명확히 하기 어려운 이런 문제에 대응하려면, 결국 호소할 수 있는 것은 자기 가치감이다. 이런 생각 자체를 거부할 사람은 아마 드물 것이다. 대멸종과 생태계 빈곤화를 피하기 위해 얼마만큼 행동할 수 있는지가 문제이지, 내 삶의 목적을 추구하면서도 대멸종, 생태계 빈곤화에 미치는 영향을 최소화하는 데에서 자기 가치감이 조금이라도 높아지지 않는 사람이라면 아마도 기후 문제를 놓고 진지한 대화를 할 수 없는 사람일 것이다. 기후 문제에 진지한 대화를 나눌 수 있는 사람이라면, 그는 자기 가치감을 높이는 이동을 위해 확장된 보행 공간에 관심을 가질 수 있다. 적어도 대멸종과 생태계 빈곤화를 늦추는 일에 자신이 느끼는 자기 가치감만큼은 말이다.

방금까지 확인한 것은, 말하자면 자기 가치감의 기반이 일종의 동심원을 그리고 있다고 주장하

---

10   노드하우스는 기후 경제학자 가운데에서는 비교적 보수적인 인물로 손꼽히지만, 생물다양성에 대해 이야기하는 『기후카지노』(황성원 옮김, 한길사, 2018)의 12장에서는 결국 기후 파국이 부를 대멸종은 계량 불가능한 가치 손실이라고 말한다.

는 논증이다. 이 순간의 자신으로부터, 미래까지 연속된 자신, 그리고 시공간을 공유하는 다른 인간은 물론, 비인간 생태계에 이르기까지, 이들 동심원은 각기 정도의 차이는 있지만 자기 가치감의 원천이 될 것이다.

중요한 것은 정도의 차이 아닐까? 갈등이 일어나면, 사람들은 이 동심원의 바깥쪽보다는 안쪽을 위해 움직일 것이니 말이다. 미래의 당신, 아니면 미래 당신의 혈족을 지키는 데에서 많은 사람들의 소박한 자기 가치감은 멈출지 모른다. 이 소박한 자기 가치감을 실현하기 위해서도, 우리는 사회의 틀을 빌리지 않을 수 없다. 충분한 구매력과 이동력 없이는 누구도 자신과 혈족을 지킬 수 없다. 재산권과 차량 운용의 권리 역시 그것을 가능하게 하는 사회의 틀 안에서만 의미가 있다. 매각할 수도, 생산 활동에도 쓸 수 없는 재산은 우리가 알고 있는 재산이 아니다. 차량이 이용할 수 있는 가능성의 공간, 즉 도로망과 그 주변의 건조 공간 역시 어느 날 하늘에서 떨어진 것이 아니다. 개인으로부터 창발된 사회, 그리고 이 사회가 그 속에 들어가 있는 기후와 대지를, 인생 계획과 이를 지지하는 자기 가치감으로부터 배제하는 것은 구매력과 이

동력을 추구하는 사람들에게도 분명 어리석은 선택이다.

이런 자기 가치감의 동심원을 '수신제가치국평천하'로 이해할 수도 있다.[11] 최근 대안 경제학에서 히트한 말인 '도넛'[12]도 통한다. 그 이름이 무엇이든, 원의 중심부에 비해 바깥 부분을 얼마나 더 거리가 먼 것으로 느끼든, 동심원은 결국 이동을 통해 인생 계획을 실현하고 자기 가치감을 느끼고자 하는 사람들이 물질 자원의 유한성에서 그리 멀리 벗어날 수 없다는 것을 보여 준다. 우리가 인생을 바쳐 무엇이 되고 싶든, 그것은 개인의 유한성과 물질 자원의 유한성 속에서 일어나게 될 일이다.

속도와 균형

기후위기 속에서 살아간다는 것은 물질 자원의 유한성이 어떤 의미인지를 고통스럽게 깨닫는 과정이다. 그렇지만 여전히 성장을 원하는 사람들은 아

11 『대학』의 이 구조를 동심원이라고 부르는 것은 그레이엄의 『도의 논쟁자들』(나성 옮김, 새물결, 2001), 243~250쪽에서 따온 말이다.

12 케이트 레이워스, 홍기빈 옮김, 『도넛 경제학』(학고재, 2018).

주 많다. 이 문장을 쓰는 지금 제27차 유엔기후변화회의가 진행 중이다. 이 회의에는 중국, 인도, 러시아 정상이 참여하지 않는다. 미국 역시 여전히 미흡한 행동만 보이고 있고, 한국 정부는 물론 별관심이 없어 보인다. 이들은 여전히 성장을 추구하고 있다. 이들은 자국 인민의 뜻을 따르고 있을 것이다. 이들의 미래 계획 속에 기후가 자리 잡게 만들려면, 결국 성장에 대해 다시 생각하는 작업이 필요하다.

2부에서 확인한 것처럼 성장의 상징이자 실질은 결국 교통과 이동 역량에 있다. 어느 인민이든, 기존의 문법대로 폭주하듯 성장한다면 마이카와 저가 항공을 얻을 것이다. 그렇지만 사실 교통보다 균형을 필요로 하는 곳은 없다. 균형을 잃으면 차량은 전복되고, 선박은 침몰한다. 비행기 역시 자세를 잡지 못하면 변형이 심해진 끝에 공중분해될 수도 있다. 자세만이 아니라 속도에서도 균형을 찾을 수 있다. 이동은 동력 기관의 추력, 길과 공기의 마찰력, 중력 사이의 균형을 조심스럽게 조정하여 앞으로 나가는 행위다. 로켓이 아닌 이상 동력 기관은 특정 선에서 최고 속도가 더 높아지지 않는 균형점에 도달하게 된다. 실제 현업에서 균형속도라는 말이 쓰이기도 한다. 차량과 길, 운전자의 역량 모두가 문제 없이 지탱해 낼 수 있다는 점에서 그럴 것이다.

나는 『거대도시 서울 철도』에서 이 균형 속도를 이어 붙이면 일종의 천장이 된다고 묘사했다. 천장이 있다면 바닥도 있다. 바닥은 이 거리를 가는데 이 속도는 너무 느리다는 사람들의 판단이 만든다. 서울에서 부산을 가는 데 자전거를 이용하는 것은 큰 결심을 필요로 하고, 이 결심을 막는 심리적 장벽이 바로 이 바닥이다. 천장과 바닥 사이는 골디락스 존 곧 생명체가 살 수 있는 공간이라고 부를 만하다. 너무 느리지도, 너무 빠르지도 않은 이 대역에 여러 교통수단들이 도시를 연결하면서 번창하는 공간이 있다. 균형의 감각이 없다면, 이 공간은 유지될 수 없다.

근현대 교통수단의 역사는 이 골디락스 존의 천장을 위쪽으로 밀어 올리고, 아래쪽 바닥을 끌어 올리며 발달했다. 현재의 균형은 20세기 후반에 나타났다. 자동차가 1000km 이하를, 항공기가 1000km 이상의 이동 거리를 메우고, 철도가 100km와 1000km 사이에 틈새를 마련하고 있다. 그런데 이 균형 가운데 천장을 더 높일 수는 없다.

차량의 평균 속도를 높이려면 도시 조직을 완전히 무너뜨려야 할 것이다. 이 책의 출발점인 기후위기는 이 천장을 높여서는 안 된다는 가장 강력한 신호다.

성장의 속도감 속에서 어떻게 균형감을 찾을 것인가? 속도감 대 균형감의 문제다. 속도감은 경제와 이를 지지하는 사회 전체를 일종의 운동으로 사고할 수 있게 돕는 모형과 연결되어 있다. 20세기 중반 경제학자들은 산업혁명과 같은 경제성장의 시작을 이륙(take off)[13]이라고 부르지 않았던가? 실제 비행기는 이륙결심속도를 넘으면 죽이 되든 밥이 되든 상승에 나서 대류권 계면까지 올라가는 것이 가장 안전하다. (추락은 이륙과 착륙시에 가장 흔하다.) 마찬가지로 일단 이륙을 했으면, 가능한 빠르게 경제발전의 속도를 올려 선진국에 진입하는 것이 가장 좋다. 그래야 사회 갈등도, 분배도 나아질 것이다.

이것은 인류가 하늘을 장악했던 바로 그 시기, 사회 전체의 방향 역시 하늘을 장악한 방법에 따라 사고되고 조율되었다는 뜻이다. 그렇지만 모두

---

13 GDP의 개발자 사이먼 쿠즈네츠의 작명으로 알려져 있다.

가 알다시피 이륙 과정이 비행의 모든 것은 아니다. 비행기는 순항 과정을 거쳐 착륙을 해야 한다. 사실 안전한 착륙이 보장되지 않은 항로를 상업 항공기는 이용하지도 않는다. 유럽에 출장을 갔다가 돌아올 때의 일이었다. 내가 탔던 루프트한자 A340기의 유압계통이 고장 났던 것 같다. 승객은 당연히 상황을 알 수 없다. 아마도 코로나19로 인한 정비 인원 부족이 문제였을 것 같다. 기장은 잠시 고민하다가 흑해 진입 직전에 회항을 결심했다. 비행기는 흑해 연안에서 프랑크푸르트까지 2000km를 되돌아갔다. 차분히 이 책의 5장을 이루는 초고를 쓰고 있던 내 옆으로 소방대가 보였다. 유압계통이 과열되어 소방차가 비상 대기하고 있던 모양이었다. 다행히 짐을 버리고 도망쳐야 하는 사태는 없어서 이렇게 원고가 생겨났다.

이런 식으로 문제 상황이 발생하면 어떻게 해야 하는지, 착륙 및 그 이후의 정비는 어떻게 이루어져야 하는지에 대한 이야기는 경제 모형에서 생략되었다.[14] 착륙하지 않는 비행기는 현대판 유령선이라고 부를 수 있을까? 경제성장을 이륙이라고

---

14   케이트 레이워스, 앞의 책, 305~311쪽.

부른 이상 이렇게 불길한 이야기까지 생각이 이어지는 것을 피하기는 어렵다.

현실의 교통수단에서 반드시 필요한 균형감은 이것이다. 멈춰야 할 때 멈출 수 없다면, 그것은 위험한 상황이다. 이 위험을 0으로 만들 수는 없더라도, 적어도 최소화하기 위해 노력해야 한다. 멈춤의 조건을 만드는 것이 속도를 빠르게 하는 것보다 우선이다. 그렇게 하지 않으면, 얼마 지나지 않아 사고는 반드시 찾아온다. 브레이크 먼저. 이동의 위기를 만드는 데 기여한 교통 기술을 계속해서 일종의 모형으로 활용하려 한다면, 속도감에 취할 것이 아니라 이 균형감을 살리는 것이 우선이다.

이 균형감을 지지할 브레이크로 근육의 한계를 사용하면 어떻겠느냐는 우화가 하나 있다.

만약 필립스가 모니악(MONIAC: Monetary National Incom Analogue Computer, 통화 국민소득 아날로그 컴퓨터)의 물을 돌리는 데 〔전기 모터가 아닌〕 다른 동력원을 택했더라면…… 페달을 밟아서 돌아가도록 설계했다면, 그래서 기계가 어떻게 작동하는지 선보일 때마다 조교가 숨을 헐떡이며 페달을 밟아야 했다면 경제가 돌아가는 데 외부 에너지원이 얼

마나 중요한 역할을 하는지를 그도, 또 동료 경제학자들도 간과하지 않았을 것이다.[15]

모터가 필립스의 조교를 해방시켰듯, 동력 기관은 이동할 때 우리의 마음을 에너지의 유한성으로부터 해방시켰다. 그러나 3장에서 보았듯 우리의 마음은 동력 기관의 탄소 효율은 커녕 에너지 효율도 직접 인식하지 못한다. 해방은 무감각과 함께 왔다.

무감각에 대응하는 방법으로 대표적인 것은 바로 돈이다. 어릴 적 삼촌 차를 얻어 타고 가는데 통행료 500원을 아끼겠다고 경인고속도로 인천 톨게이트를 우회해 시내 도로로 다시 들어가던 장면이 떠오른다. 이 통행료 감면은 인천 경제정의실천연합의 단골 의제이기도 하다. 시민단체라면 승용차 통행량 저감과 승용차에서 걷은 돈으로 공공교통을 지원하기 위한 체계 마련을 의제로 삼아야 할 것이라고 생각했지만, 이것이 현실이다. 다만 돈은 어떻게 부과되는지에 따라 같은 액수라도 사람들의 행동에 차이를 부른다. 천 원에도 길을 우회

15   위의 책, 301쪽.

하던 사람이 과속과 시내 주행에 따른 연비 감소는 아무렇지도 않게 감수하는 것이 또한 현실이기 때문이다.

돈이든, 다른 정보이든, 이들 모든 수단을 생활 속에서 결합해 이해하는 행위자는 각각의 개인들이다. 돈이든, 감각에 다가오는 다른 장치든, 이유가 있어서 당신의 이동에 끼어든다는 것을 이해해야만 당신은 이들 장치가 주는 불편과 비용을 회피하기보다는 받아들일 수 있다. 언젠가 기후위기 대응이 모든 도시와 개인의 과제가 된다면, 그것은 이런 이해를 거친 사람들의 수가 충분히 늘어난 덕분에 가능한 일일 것이다.

탄소 부채, 우리의 빚

각 개인의 역량, 그리고 이들 역량에 맞게 정보를 가공하는 사회의 노력이 짝을 맞춰 돌아간다면, 길이 열릴지 모른다.

출발점은 이것이다. 설령 숫자를 혐오하는 사람이라도 돈 계산은 할 수 있고 해야만 한다. 적어도 돈은 사람들에게 수에 관심을 기울이게 하는 가장 강력한 이유다. 이것은 돈의 힘 때문에 일어난 현상일 것이다. 돈은 누구나 이해하는 교환의 형식으로, 각각의 사물을 딱 떨어지는 수치로 집계해 보여 준다.

이런 수치화의 힘 가운데 하나는 이들 돈의 흐름을 정확한 언어로 포착할 수 있다는 데 있다. 우리 모두는 돈을 벌고, 또 쓴다. 번 돈이 쓴 돈보다 많다면 내가 손에 쥐고 있는 돈은 계속해서 늘어나고, 그렇지 않으면 계속 줄어든다. 벌고 쓰는 돈, 예를 들어 월급이나 소비 지출은 유량(flow)이라고 부른다. 손에 쥔 돈, 예를 들어 통장 잔고는 저량(stock)이라고 부른다. 유량과 저량의 관계는 이런 식이다. 내 월급이 100만 원, 소비 지출이 50만 원이라고 가정하자. 이번 달 1일 잔고가 100만 원이라면, 말일 잔고는 150만 원으로 바뀌었을 것이다. 이렇게 유량에 남는 액수가 있다면 저량은 늘고, 유량에서 나가는 액수가 더 많다면 저량은 줄어든다. 저량이 0이 되어 쓸 돈이 없다면 별수 없이 돈을 빌려야 하는데, 이렇게 빚이 생기면 저량은 마이너스가 된다. 돈은 유량과 저량을 하나의 단위로, 그리고 세밀한 숫자로 보여 준다는 점에서 내 활동을 간편하게 정리한다.

탄소 배출량 역시 일종의 유량-저량 모형으로

묘사할 수 있다는 제안이 있다. 바로 탄소 예산이다. 여기에서 탄소 배출량은 쓴 돈의 자리에, 탄소 흡수량은 번 돈의 자리에 대입해 보라.[16] 이렇게 배출하고 흡수하는 양이 탄소 유량이다. 한편 대기와 바다에 이렇게 배출과 흡수의 결과 누적되어 있는 배출량은 탄소 저량에 해당한다. 탄소 유량 가운데 배출량이 압도적이어서 탄소 저량이 급속도로 늘고 있는 것이 현재 상황이다. 이때 탄소 저량이 늘어나는 것이 손에 쥔 돈을 까먹는 것과 마찬가지 의미라는 점을 주의하라. 탄소 저량이 늘어나면 지구 가열 효과도 커지기 때문이다.

이것은 물론 하나의 모형이다. 모형은 대상의 특징을 어떤 부분은 생략하고 어떤 부분은 과장한 일종의 설정이다. 그런데 이 설정은, 현실의 많은 집안이 처한 문제와 기후위기가 비슷한 구조를 가진다는 것을 표현한다. 탄소 예산을 활용하면 결국 인류는 무리하게 빚을 내어 과도한 소비를 일삼는 집안, 아니면 감당하기 어려운 빚을 내어 무리한 투자를 벌인 가게나 기업과 크게 다르지 않은 상황에 처했다는 것을 보여 주기 쉽다. 지출과 소비, 매

<hr />

16   위의 책, 6장이 이 우화에 이르는 데 도움이 되었다.

출과 비용 사이의 균형을 잡지 못하는 집안은 결국 경제적으로 유지될 수 없듯, 탄소 배출량과 흡수량의 균형을 맞추지 못하면 결국 기후위기는 수습할 수 없다.

탄소 예산이라는 말이, 다시 말해 돈을 사용하는 모형이 오해를 부른다는 비판이 적지 않다. 예산은 일정하게 딱 자른 돈의 액수로 표시된다. 하지만 방어선까지 남은 탄소 배출량의 규모는 불확실성을 가지고 있다. 게다가 예산이라는 말은 이 방어선까지의 탄소 저량을 마치 현금처럼 생각하도록 부추긴다. 현금은 바로 사용하면 되는 돈이고, 예산이라는 말의 일상적인 용례 가운데 하나는 분명 특정한 목적을 위해 마련해 둔 현금이라는 의미도 있다. 그렇다면 탄소 예산이란, 아직 돈이 남았으니 좀 쓰더라도 상관없다는 말처럼, 여기까지는 배출해도 되는 허용치처럼 읽히는 오해를 피하기 어렵다.[17] 상황의 불확실성도 나타낼 수 없고, 오히려 위기 속에서 위기를 부추기는 오해를 만들어 낸다면, 이 모형은 분명 주의 없이는 사용할 수

17 Chelsea Harvey, "How the "Carbon Budget" Is Causing Problems," *Scientific American E&E News*(2018. 5. 22).

없다.

그럼에도 이 유량-저량 모형은 의사소통을 위해서는 대체하기 어려운 선택이다. 단점을 넘으려면 현 상황의 위험성을 강조할 수 있는, 그리고 그 불확실성을 조금이나마 반영할 수 있고 관리의 방법도 쉽게 떠올릴 수 있도록 만드는 용어법을 활용하는 것이 더 나을 것이다.

나는 앞서 등장한 말이 이런 힘을 가진다고 본다. 탄소 부채(carbon debt)가 바로 그것이다. 이 말로 영어권에서 활용되는 것과는 조금 다른 것을 지시해야 상황을 정확히 묘사할 수 있을 것이다. 나는 산업화 이후 배출되어 대기에 쌓인 탄소 저량 전체(즉 1750년의 280ppm을 2022년의 425ppm에서 뺀 145ppm)를 (인류의) 탄소 부채라고 부르는 것이 적절하다고 생각한다.[18] 이렇게 조작적 정의를 주고 나면, IPCC의 방어선, 즉 '산업화 이전 지구 평균기온 대비 1.5도 이내의 상승'은 이 탄소 부채를 얼마까지 감수할 수 있는지 밝혀 놓은 선이라고 말

---

18 바다, 식물, 토양이 흡수한 양까지 일부 여기에 추가할 수 있다. 기온이 올라가면 물에 녹는 기체의 농도는 낮아지고, 식물량이 줄거나 토양이 황폐화되면 또한 여기에 누적된 탄소도 대기중으로 방출되기 때문이다.

할 수 있다. 물려받은 유산(즉 지구 생태계)을 담보 삼아, 어찌저찌 다른 빚으로 빚을 돌려 막을 수는 있을 것으로 추정되는 선이 바로 이 선이다. 그러나 이 선을 넘으면 빚이 너무 많아져, 돌려 막기가 불가능해지고 추심하러 오는 빚쟁이들을 피할 수 없는 상태가 된다. 기후 파국을 빚쟁이를 피해 도망다니다 객사하거나 재판에 회부되어 수감, 옥사하는 것으로 그려 볼 수도 있겠다. 빚쟁이들이 추심하는 과정에서 가족이 해체되는 것도 파국의 전 단계에 추가해 넣을 만하다.

　　여기에서 더 나아간다면, 이 빚을 조금이라도 줄이기 위한 노력이 완화(mitigation) 대책이라는 점도 보일 수 있다. 완화 대책이란 탄소 배출량을 줄여 탄소 저량의 증가세를 잡고, 탄소 흡수원을 개발하여 대기중 탄소 농도를 낮추려는 활동이다. 이동과 교통에서 이런 활동의 핵심은 바로 철도와 같이 탄소 효율이 높은 수단을 선택하는 데, 나아가 이동 거리 자체를 적정 수준에서 억제하는 데 있다. 탄소 부채 모형에서, 이 선택은 쓰는 돈을 줄여 빚의 증식 속도를 낮추는 선택으로 묘사할 수 있다. 더불어 탄소 흡수원으로 명백한 효과가 있는 것이 비인간 생태계이므로 조금씩이라도 벌어서 빚을 줄이기 위해서는 비인간 생태계의 탄소 흡수 기능을 극대화해야만 한다.

　이것은 기후 대책에 필요한 균형이 결국 빚더미에 오른 상태에서 재기를 위해 그동안의 부채를 갚아 나가는 삶의 모습과 비슷하다는 뜻이다. 빚은 인생 계획 속에서 필수적인 것이지만, 상환과 관리 계획을 세우지 않은 상태에서는 인생을 파탄으로 빠뜨릴 수도 있다. 이런 묘사에서 악몽 같은 기억이 떠오르는 분들도 있을지 모른다. 그러나 이 모형은 역시 기후위기의 현실보다는 약하다. 빚은 약속인 이상 법원이 개입해 회생과 파산을 진행할 수 있다. 그러나 온실가스 누적으로 인한 지구 가열의 효과를 취소할 수 있는 인간의 힘은 존재하지 않는다. 모두가 탄소 빚을 직시하고, 갚아 나갈 길을 찾는 것, 그리고 이동과 도시 역시 그에 맞춰 바꾸는 것이 기후위기 시대의 이동이 맞춰 나가야 할 균형이라고 말할 수밖에 없는 이유다.

무엇을 할 것인가

이제 이렇게 말할 수 있다. 막대한 탄소 소비(유량)의 결과 빚더미(저량)가 쌓이고 있고, 특히 교통에

서는 탄소 배출량 소비가 꾸준히 늘고 있다. 한편
버는 돈에 해당하는 탄소 흡수원(바다, 식물, 토양)
은 위협받고 있다. 그러나 채권 추심을 받게 된 처
지의 사람들이 모두 비슷한 방식으로 대응하는 것
은 아니다. 인생 계획을 모두 조금은 바꾸어야 하
고, 이렇게 바뀐 인생 계획으로 인해 보게 될 손실
이 자기 가치감으로 연결되지 않으면 결국 마음으
로 지지할 수 없어 무언가 변화를 부를 수 없기 때
문일 것이다.

외면 또는 체념은 이 상황에서 가장 흔한 선
택지다. 하지만 이 선택은 결국 흘러가는 대로 상
황에 몸을 맡기는 방향일 뿐이다. 탈출을 추구하는
것도 논리적으로는 가능할지 모른다. 라투르의 가
설이 흥미롭다.

〔트럼프 식의 반동 정치에서는〕기후과학 회의론이
구성적 역할을 한다. 왜 기후변화 부정론이 만연한
지 잘 알 수 있다. …… 더 이상 지정학적 현실을 진
지하게 다뤄야 한다고 주장하지 않고, 모든 현실적
제약에서 명시적으로 벗어나려는 노력을 기울여 조
세회피처 같은, 말 그대로 역외에 있으려는 움직임
이 대규모로 일어나고 있다. 이 운동을 뒤에서 받쳐

주는 엘리트들도 이제는 다른 사람들과 세상을 공유할 필요가 없다는 점을 가장 중요하게 생각하고 있다. 그들은 공동 세계가 다시는 오지 않을 거라고 알고 있다.[19]

이런 태도는 결국 "공동 세계"에서 벗어날 자원이 있는 극소수만을 위한 것이다. 극소수가 아니라면, 기후위기 앞에서 뭐라도 해 보겠다는 태도를 취하는 것이 차라리 더 균형 잡힌 선택이다. 일단 이 태도를 직면이라고 부르기로 하자.

사태에 직면하기 위해 탄소 빚이라는 우화를 다시 활용해 보자. 파산 또는 지급불능에 빠지는 상황에 처하지 않으려면 결국 남은 재산은 얼마인지, 지금 내가 얼마나 벌고 얼마나 쓰는지 파악해야만 한다. 개인 차원에서 상황이 파악되지 않을 수 있다. 그렇다면 개인은 주변과 사회에 도움을 요청해야 한다. 사회는 개인에게 참조할 수 있는 숫자와 계산방법을 제안할 수 있다. 개인은 이를 통해 자신의 배출량을 검토하고, 이를 줄여 전

---

19   브뤼노 라투르, 『지구와 충돌하지 않고 착륙하는 방법』, 60~61쪽.

사회의 탄소 지출을 줄이는 데 기여할 수 있다. 더불어 사회는 탄소 흡수(수입)을 늘리는 방법을 개발하고, 이 방법과 정합하는 선택을 개인에게 장려해야 한다. 이렇게 해서 빚의 증식 속도를 늦추는 것이 21세기 초반에 할 수 있는 일이다. 이렇게 쌓인 빚을 모두 갚는 일은, 이번 세기를 넘어 22세기나 그 이후의 일일 것이고, 이렇게 수백년 뒤 탄소 부채에서 인류 문명이 해방된 뒤에도 다시 빚이 쌓이지 않도록 꾸준한 관리는 거의 영원에 가까운 시간 동안 필요할 것이다.

개인이 할 일

아무튼 지금 할 수 있는 것을 해야 한다. 직면의 태도를 취했다면, 그다음에는 오늘의 이동을, 가능한 한 배출량이 낮은 방식으로 수행해야 한다. 이를 위해 미래에 당신이 그릴 이동 회로를, 가능한 한 배출량이 낮은 방식으로 계획한다.

이 계획과 계산 작업에서, 개인의 몫은 당신 자신이 움직이는 거리를 확인하는 일이다. 이동에 따른 배출량은 이동 거리에 비례하기 때문이다.

이들 거리당 배출량은 수단에 따라 달라진다. 다만 승용차의 경우 개인이 배출량을 일부 조정할 수 있다. 연비 운전을 하면, 연비가 올라가는 만큼 거리당 배출량도 떨어지기 때문이다. 차량을 써야 한다면, 최적 연비로 운전해야 한다.

계산을 좀 더 쉽게 하기 위해 기억할 값은 비율이다. 비율만 기억하면, 암산으로도 당신의 선택이 탄소를 얼마나 더, 또는 덜 배출할 수 있게 만드는지를 대략 계산할 수 있기 때문이다.

그런데 철도를 활용하면 같은 거리를 갈 때 탄소배출량은 승용차에 비해 5분의 1 또는 그 이하이고, 에너지 소비량은 10분의 1이다.[20] 이 비율을 활용한 계산 예제는 노션 페이지를 참조하라.[21]

게다가 이 비율은 철도가 사용하는 모든 에너지, 그리고 승용차의 전체 평균에 따른 값이므로, 열차가 붐빌수록 이 비율은 솟아 오른다. 한 량에 6명보다 사람이 적을 경우에나 당신이 책임져야 할 탄소 지출이 승용차보다 더 많아지고, 3명보다 사람이 많을 경우에나 당신 책임인 에너지 사용량이 승용차보다 더 많아진다. 러시아워에 도시철도

---

20   고속열차 역시 에너지 효율은 비슷하다. 정차역이 억제되어 가감속에 에너지를 덜 사용하기 때문일 것이다.

21   『거대도시 서울 철도』의 부록으로 데이터를 공개하는 페이지를 만들어 두었다. bit.ly/The_Radical_Transferring

로 출퇴근하면, 승용차를 이용할 때보다 에너지와 탄소 효율이 문자 그대로 100배 정도 높은 것이다. 아침부터 밤까지, 서울과 같은 거대도시에서는 정체로 인해 연비 운전이 매우 어렵다는 점을 감안하면 이 비율은 더 올라갈 것이다.

불가피하게 배출되는 배출량에 대해, 그에 상응하는 대가를 지불한다.

이 경우 주행세, 혼잡통행료, 교통유발분담금에 따른 주차료 증대와 같은 제도를 요구하고 받아들이는 것은 기본일 것이다.

더불어 불가피한 이동에 비례하는 탄소배출권을 개인이 추가로 부담하는 것도 방법일 수 있다. 개인에게 공공교통 이용량에 비례하는 탄소 배출권을 부여하자는 아이디어 자체는 이미 국내에서도 제안된 상태다.[22] 하지만 여전히 어떻게 이를 활성화시킬 것이냐는 아이디어는 미흡한 상태다.

오늘과 내일의 이동을 배출량이 낮은 방식으로 수행할 수 있는 선택지를 늘리라는 요구를 이동을 관리하는 각 정부와 기업에 제기하는 것 또한

22　파비콘, 개인탄소배출권 개요. http://www.faviconi.com/wb_board/view.php?&bbs_code =1624010096&bd_num=761 (2022년 10월 25일 마지막 확인)

중요하다.

이 요구는 결국 시민이자 능동적인 소비자로서 행동하는 것이 기후위기에 직면하는 태도라는 뜻이다.

가령 SUV에 대한 비판적 논의 그 자체를 시도할 수 있다. 한국에서 차량 크기가 커지는 현상의 비용은 논의조차 제대로 되지 않고 있는 것이 현실이다. 차량 제조사에게 에너지 효율 규제를 강제하더라도, 소비자들이 큰 차만을 바란다면 규제의 효과는 반감될 수밖에 없다. 말하자면 능동적 소비자 운동이 필요한 시점이다. 상품이 자신의 취향에 맞지 않는다고 말없이 선택을 바꾸는 소극적인 소비자 행동만 가지고서는 기후위기를 돌파할 수 없다. 소비자와 생산자는 서로가 서로의 행동을 강화시키는 진화적 피드백 관계를 맺고 있는 존재다. 기업이 소비자를 바꾸는 것만큼, 소비자가 기업을 바꿀 수 있다. 단 서로가 그 이유를 말할 경우에만.

상황을 인지한 차량 소비자부터, 에너지와 탄소 효율이 지금보다 훨씬 높은 차량이 승용차가 우리의 미래 도시에서 함께할 수 있는 최소한의 조건이라고 이야기하기 시작해야만 한다. 이런 작업이 없으면, 지금까지와 마찬가지로 전기차를 통해 개선된 에너지 효율이라 해도 늘어난 차량 덩치와 높아진 속도, 주행거리에 잡아먹혀 무력화되고 말 것이다.

이와 더불어 이야기되어야 하는 것은, 결국 각자가 살고 있는 도시를 확장된 보행 공간으로 재편하라는 요구일 것이다. 더불어 이 재편이, 걷기 공간에서 예측하지 못하게 창발되는 공공성처럼, 지금은 간과되고 있는 사회적 이익을 가시화하는 방향으로도 향해야 한다.

사회에 요구할 것 1: 정보의 투명성

개인의 계산을 위해 필요한 값들은 말하자면 전문가들에 의해 측정되고, 또한 계속해서 변화가 확인되어야 하는 값들이다. 그러나 여전히 탄소 배출과 관련된 값은 아는 사람만 확인할 수 있고, 이를 알기 쉽게 가공하는 작업도 충분하지 않다.

『거대도시 서울 철도』 출간 직후인 2020년 7월의 일을 다시 상세히 본다. 당시 나는 책의 메시지를 알릴 겸 경부고속도로 개통 50주년 기념일인 7월 7일 직후에 도로 교통량의 억제와 철도 교통으로의 교통량 전환 정책을 수립할 것을 촉구하는 칼

럼을 썼다. 며칠 뒤 전화가 걸려 왔다. 도로공사에서 온 전화였다. 여러 정책적 쟁점에 대해 긴 통화를 했고, 이후에도 메일을 여러 통 주고받았다. 쟁점 가운데는 계산 자체에 문제가 있고, 전기차 등이 등장하면 상황이 달라질 것이라는 지적이 있었다. 특히 2013년 데이터를 활용한 논문 하나가 문제가 되었다. 여기에서는 고속철도가 승용차보다 인킬로당 에너지를 3분의 1보다 더 많이 썼던 것으로 나왔다. 그러나 살펴보니 논문의 계산은 철도통계연보에 수록된 수송량 통계가 무엇을 의미하는지 정확히 이해하지 못해 생긴 오류였다. 나는 IEA의 세계 평균 데이터를 활용했으므로 국내 교통 데이터를 다시 정리해 책의 부록으로 마련한 노선 페이지에 올렸다. 그 결과가 바로 소개한 '5배', '10배'다.

2022년 현재, 교통 전문가와 관료 집단 역시 수단별 배출 효율 값을 머릿속에서 쉽게 떠올릴 수 있게 된 것은 얼마 되지 않은 일이다. 전문가 집단도 이렇다면, 이 정보를 대중들에게 좀 더 가시적으로 만들고, 점점 더 많은 사람들이 자신의 계산 속에서 활용할 수 있도록 돕는 작업이 부실한 현재의 상황을 쉽게 이해할 수 있을 것이다.

상황을 어떻게 넘어설 것인지가 문제다. 사람

들에게 정보 기반 동의를 받아낼 수 있으려면, 그리고 인생 계획 속에서 이들 문제에 조명을 비출 수 있도록 하려면, 먼저 정보가 중요하다. 가장 필요한 정보가 개인이 이동 계획을 세울 때 활용할 숫자라면, 이를 전달하는 데는 공신력 있는 정기 보고서가 가장 적절한 형식이다. 이 보고서에 정부는 매년 교통수단의 인거리당 배출량과 에너지 소비량을 발표하고, 이 비율을 대조해 보여 주는 요약을 실어야 한다. 정기 보고서라는 형식은 계속해서 바뀌는 상황을 사람들의 판단에 반영할 수 있고, 더불어 교통의 탄소 배출을 꾸준한 화제로 만들 수 있으므로 유용하다.

한 가지 참조할 만한 사례가 바로 경제 관료나 기업이 신자유주의를 확산시키기 위해 했던 체계적 노력이다. 1980년대 신자유주의 개혁 드라이브를 대표하는 인물인 김재익에 대한 증언을 보자.

김재익은 신자유주의 홍보에도 열성을 기울였다. 그의 설득으로 1980년대 초에 몇몇 출판사에서 미제스와 하이에크의 저서가 번역 출간되었고 미제스의 『반자본주의 심리』는 기자, 관료, 학자들에게 살포되다시피 했다. 그는 물가안정을 주제로 한 TV

프로그램 제작 등 대국민 경제교육에도 적극 나서 나중에는 "온 국민을 통화주의자로 만들었다"는 평가까지 받았다.[23]

그의 뒤를 이어 한국개발연구원(KDI)은 지금 이 순간에도 경제 교육 매체[24]를 운영하고 있고, 더불어 경제 인식 조사까지 진행 중이다. 전경련에서도 자유기업원에 전폭적인 지원을 아끼지 않는다. 내 서가에도 하이에크의 『자유헌정론』[25]처럼 자유기업원에서 내놓은 책이 여럿 꽂혀 있다. 정부는 환경정책연구원을 확대개편하든 아니면 새 조직을 설립하든 KDI에 준하는 수준의 기후 싱크탱크를 만들고, 여기에 부속하여 경제정보센터에 준하는 성인 교육 기관을 설립해야 한다. 현재 존재하는 민간이나 정당 관련 기관들 역시 자유기업원처럼 출간 사업을 계속하여 정부의 연구 기관과 경쟁 또는 보완하는 역할을 해 주어야 한다.

아무튼 문제가 탄소 배출이라면, 저술은 상황

---

23   지주형, 『한국 신자유주의의 기원과 형성』(책세상, 2011), 117쪽.
24   KDI경제정보센터 홈페이지.
25   프리드리히 하이에크, 김균 옮김, 『자유헌정론』(자유기업센터, 1996).

을 보고하는 장치일 따름이다. 실제 상황을 낫게 하려면 탄소 배출 효율을, 그리고 에너지 효율[26]을 더 높이라는 요구가 모든 이동 관련 사업자에게 계속되어야 한다. 전기차가 보급되면, 승용차의 에너지 효율은 지금보다는 높아질 것이다. 이를 반영하여 자동차 메이커에 대한 에너지 효율 요구 수치를 매년 조정해야 한다. 더불어 철도와 공공교통 계획 및 운영자에게도 효율 향상 요구가 계속되어야 한다. 철도 및 공공교통의 RE100 달성은 전기차 부분보다 더 빨라야 할 것이다.

더불어 2차 자동차 지배를 부를 기술의 역할에 대해서도 요구가 명시되어야 한다. 기술은 탄소 및 에너지 효율 향상을 위해 사용되어야 한다. 자율 주행은 속도 증속처럼 에너지 효율을 낮추는 변화의 논거로 쓰일 것이 아니라, 연비 운전처럼 인간의 인지만으로 부족한 부분을 채워 주는 역할을 해야 한다. 안타깝게도 자율주행으로 인해 주행거리가 늘어나는 현상을 피하기는 어렵다. 자율주행 차량 제어를 위해 도입될 통신망 연계('커넥티드 카'

---

26   전력공급에 재생에너지를 사용할 경우 에너지 소비량은 곧바로 토지 소비량과 비례한다.

기술)를 활용해, 주행 거리에 따른 주행세, 도로 혼잡에 따른 혼잡통행료를 가능한 한 빠르게, 차주에게 쉽게 지각되는 방식으로 도입하라는 요구를 할 수밖에 없다. 택시 미터계와 유사한 인터페이스의 고지 기기를 차량마다 설치하는 것이 방법일지 모르겠다. 세금의 투명성을 높일 수 있음은 물론, 돈에 기반해 사람들에게 행동을 바꿔 달라고 요청할 수 있다는 점에서 부작용을 감수하더라도 택할 만한 인터페이스 아닐까.

사회에 요구할 것 2: 성공과 번영의 이미지

여기에 더할 요구가 바로 공공교통망을 정비하고, 이를 효과적으로 쓸 수 있도록 도시를 정비해 나가는 작업에 대한 요구다. 더불어 도시를 분산시키고, 도로로만 접근되는 외곽에 자동차 납치 공간을 증식시켜 자동차 주행거리를 늘릴 도시·광역 고속도로망의 건설에는 극히 신중해야 한다. 한국 현실에서는 무정형적 도시 확산 현상이 문제라는 인식조차 희미하고, 예비타당성조사와 같은 평가 역시 이를 전혀 감안하지 않은 채 이루어지는 이상, 시민들의 요구에서 도로망 억제를 시작해야 한다. 원인자 부담의 원칙을 강하게 적용해서, 도로공사가 고

속도로에 들어가는 모든 비용을 자급할 수 있을 정
도로 요금을 올리는 것이 시작이다. 지금은 대략
절반 정도만 이용자 부담이다.

그런데 이런 요구는 설득을 시도하는 맥락에
서는 중요한 문제를 풀어야 한다. 탄소 부채라는
우화가 가진 치명적 단점이다. 이 우화 속에서, 공
공교통은 저렴한 수단이라는 이미지를 차지한다.
선진국의 저소득층과 개도국 인민에게는 분명 이
이미지가 유용하다. 그러나 선진국의 중산층에게
이는 조금 다른 의미일 수 있다. 저렴한 삼류 수단
이라는 이미지, 싼 게 비지떡이라는 이미지를 강화
하는 방향으로 이 이미지가 작용한다면 그보다 낭
패일 수는 없다.

바로 여기가 5장에서 만든 깍지 모형이 힘을
발휘할 지점이다. 수백 개의 단위 도시로 이루어진
광역 도시 전체를 아우르는 철도망, 그리고 그 주
변에 모인 생산 활동의 거점은 선진국의 중산층이
추구하려는 성공과 번영의 거점이기도 하다. 이 성
공과 번영의 이미지를 함께 활용해야 한다. 확장된
걷기 공간, 그리고 녹지 축이라는 두 이질적인 요
소가 서로 깍지를 맞잡고 나아가게 만드는 기반이
곧 공공교통이라는 이미지를 강화시킬 방법이 필

요하다. 각 도시의 지방정부에게, 그리고 이웃 도시의 지방정부에게 이를 시민으로서 요구해야만 한다. 더불어 이들 도시 인근 녹지축의 식물이든, 도시 바깥 생태계의 복원이든, 탄소 격리를 위한 투자에도 도로와 철도에서 얻은 자금을 투자할 수 있도록 요구해야만 한다.

또 다른 방향의 그림도 그릴 수 있다. 이 방향에는 활동적 이동이 있다. 차량에 앉아 있는 것 보다야, 도시 전체를 확장된 걷기 공간으로 삼아 꾸준히 걷는 것이 기분에도 좋고 몸에도 좋다.[27] 활동적 생활환경 조성은 국내 지방정부 약 250여 개 가운데 101개나 가입된 건강도시협의회의 주요 의제이기도 하니, 사실 이는 말 그대로 상식일 것이다. 그렇지만 문제의 '활동적 생활환경'은 흔한 오해의 대상이 되고 있기도 하다. 흥미롭게 읽던 책에서 활동적 생활환경의 하나로 철도역 계단을 활용하려는 시도를 비판하는 문장을 보기도 했다.[28] 생활

---

27 단순한 개인 의견이 아니라 뒤집기 어려운 여러 증거들이 누적되어 있다는 논의를 확인하려면 전현우, 앞의 책, 보강 7의 2를 참고.

28 "지하철 계단은 러닝 머신이 아니다." 정내권, 『기후담판』(메디치미디어, 2022), 277쪽.

환경보다 운동량에 꾸준하게 영향을 미치는 요인이 없다는 것, 그래서 일부러 시설에 찾아가야 만나는 런닝머신보다야 매일 마주하는 철도역 계단이 더 좋은 운동기구라는 분명한 사실조차 널리 알려지지 않았다는 것이 안타까웠다. 나는 에스컬레이터만 있는 출구나 통로가 아닌 이상 올라갈 때는 계단을 이용한다.[29] 따로 시간을 들이지 않고, 하루에 야산 중턱까지 올라갈 정도의 분량에 해당하는 근력 운동을 무조건 할 수 있다는 사실은 특히 바쁜 날 운동량을 유지하는 데 큰 힘이 된다. 건강하고 활기찬 삶을 위한 신체 활동을 자연스럽게 증진하는 방법은 결국 철도로 이어지는 확장된 걷기 공간이다.

이 이미지를 전달하기 위해 누구나 조심해야 하는 비만, 고혈압 같은 대사성 질환에 빗대어 기후위기를 설명하는 것도 하나의 방법일지 모르겠다. 기후위기를 부른 탄소 부채를 몸속의 지방에,

---

29　계단을 운동기구로 구성하는 아파트들이 생긴다는 사실에 주목해야 한다. 확장된 걷기 공간 곳곳의 계단을 이들 아파트처럼 꾸미는 시도가 필요하다. 철도의 경우 벽만 마주할 수밖에 없는 지하역보다는 지역 경관이 눈에 쉽게 들어오는 고가역에서 걷고 싶은 계단이 성과로 이어질 가능성이 커 보인다.

기상 이변이나 해수면 상승과 같은 사태는 대사성 질환과 그로 인한 합병증에 비유하면, 곧바로 계단 오르기나 걷기 운동의 가치 또한 드러낼 수 있다. 이렇게 계단을 걸으면 당신 몸속에 지방이 쌓이는 속도를 낮출 수 있듯, 지구 대기에 탄소가 쌓이는 속도 또한 낮출 수 있다.

악성 부채나 만성질환과 같이 인생을 파멸에 빠뜨릴 위험이 결국 기후 문제를 개인의 인생 계획, 그리고 그의 자기 가치감과 연결하는 데 적당한 틀이라는 점은 아주 고약한 농담처럼 들릴지 모른다. 하지만 이런 수준의 위험도 기후위기의 규모를 감안하면 일종의 작은 모형이다. 나는 이제 이 사고 방식을 좀 더 확장해 보려 한다. 우리 인생은 실제로 길 위에서 끝날 수 있다. 우리는 왜 이렇게 인생이 끝나는 장면을 받아들이기 힘들어하는가? 파국 앞에서 나눌 마지막 이야기는 인생의 끝 그 자체다.

7장

대지에서의 죽음

내가 사는 집 부근에는 커다란 사거리가 있다. 송도 신도시에서 제2경인고속도로로 진입하는 가장 빠른 도로와, 인천 내항에서 남동공단까지 가는 가장 빠른 도로가 만나는 이 교차로로 하루에만 수만 대의 차량이 지난다. 대로변에 폭 20~30m짜리 완충 녹지가 없었다면 삶의 질이 피폐해졌을 수준의 교통량이라는 감상이 늘 든다.

사방에서 밀려오는 시뻘건 미등 행렬을 바라보며 횡단보도 신호를 기다리던 날이었다. 순간 정차해 있던 한 차량의 뒤를 다른 차량이 들이받았다. 추돌사고. 찌그러진 차체 사이로 미세한 연기가 피어오르고 유증기의 매캐한 냄새가 코에 닿았다. 다행히 불이 붙지도, 사람이 치명상을 입지도 않았지만 내가 어떤 공간에 서 있는지 다시 눈으로 보게 된 셈이다.

대형 사고가 나면, 자신이 우연히 사고를 피해 살아 있는 것이라는 비감에 젖은 발언을 많이 들을 수 있다. 하지만 조금만 생각해 보면 이것 자체로는 충분한 설명은 아니라는 점을 알 수 있다. 내가 목도한 추돌사고에서 차량 핸들의 조작이 약간만 틀어졌다면, 횡단보도 중간의 보행섬에서 신호를 기다리며 차량 흐름 속에 납치되어 있던 나는 도망치지 못하고 치여 죽었을 것이다. 도로공사의 현수막이 말하듯 '한순간에 모든 것을 잃을 수 있는' 곳이 길이다. 길을 지난다면, 당신은 매일 우연한 죽음 곁을 지나는 것이다.

이동과 죽음

이렇게 사람이 우연히 죽는 상황의 대표가 바로 길에서 일어난 사고다. 무수히 많은 이유로 죽지만, 교통사고는 그 가운데에서도 극적이다. 교통사고에서는 자기 힘으로 걷거나 운전할 수 있는 사람이 갑자기 죽게 된다. 몸 자체에 이상이 없었으므로 자신이 그 시점에 죽을 것이라고는 전혀 예상하지 못했을 것이다. 게다가 분명 죽은 사람은 이동하면서 뭔가를 계획하고 있었을 것이다. 저녁으로 무엇을 먹을까, 근처에서 커피를 한잔 사 마실까 같은 고민처럼 죽음과는 아무 상관도 없어 보이는 가벼운 계획이라면 비극성은 더 강화될 것 같다. 그가 하던 생각과 아무 상관도 없이, 그는 죽었다.

예상하지도 못했고, 실현되지 못한 미래 또한 명확한 이 죽음을 비명횡사(非命橫死), 줄여서 횡사라고 해 두자. 이렇게 횡사한 사람은 만약 살았더라도 미래 어느 시점에는 죽을 것이다. 모든 논리학의 시작인 삼단 논법의 시작도 '모든 사람은 죽는다.' 아니던가? 유명한 제자를 둔 죄로, 논리학개론 수업 때마다 사람이라는 이유에서 소크라테스는 죽는다. 하지만 수십년 뒤 노화 끝에 고령에 도달한 사람의 죽음은 호상(好喪)이라는 말로 따로 분류하는 것이 나을 것이다.[1]

횡사와 호상은 서로 다른 감정적 반응을 부른다. 호상을 겪을 사람은 죽음을 준비할 시간이 나에게도, 주변 사람들에게도 있다. 그는 서서히 삶

---

[1] 횡사와 호상의 대조는 전현우, 「목숨값과 사회계약」, 《도미노》 6호(G&Press, 2014)에서 처음 도입했다.

을 정리할 계획을 세우고 이를 대체로 실현할 시간을 가진다. 주변 사람 역시 마음의 준비를 한다. 적어도 마음의 준비가 되어 있다면 그리 황망하지는 않을 것이다. 하지만 횡사한 사람은 그 자신도, 주변도 그럴 수 없었다. 바로 이 이유에서 사람들은 안타까워한다. 횡사한 사람이 자기 가치감을 누리며 삶을 살아가지 못한 데 대한 감정적 반응이 바로 이 안타까움이다. 안타까움의 정도 차이가 횡사와 호상 사이에 있다.

횡사한 당사자는 자신의 죽음을 '억울하다'라는 술어로 표현할 것이다. 억울한 죽음이 무엇인지 조명하기 위해, 새 사또가 부임하면 사또 관사에 등장하는 귀신(대개 처녀) 이야기의 구조를 떠올려 보자. 새로 온 사또가 다행히 용감한 사람이어서 자신과 대면할 수 있다면, 귀신은 자신을 죽음에 이르게 한 부조리를 설명한 뒤 억울함을 풀어 달라고 호소한다. 기막히게도 관료적이지만, 결국 관료는 수단이고 이들의 의무는 부조리한 죽음을 당한 당사자의 감정을 풀어 주는 데 있다. 실제로는 사라져 없어지는 당사자의 감정을 반사실적 상상속에서나마 구현할 장치가 필요하다는 집단적 합의가 이런 귀신 이야기의 바탕에 있을 것이다.

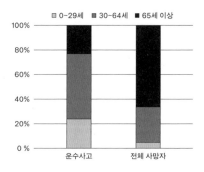

〔도표 1〕 한국의 전체 사망자와 운수사고 사망자의 연령별 비중 비교,
1992~2021 누적. 통계청, 각 년도 사망원인통계.
운수사고 사망자는 사망원인 104항목을 기준으로 한 값이다.

길은 억울한 죽음을 부르는 공간이다. 지난 30
년간 운수사고로 죽은 사람은 총 26만 9775명이
다.[2] 길 위에서 도시가 하나 사라졌다. 길을 짓는
건설 현장에서 일어난 죽음처럼 길과 직접 관련된
죽음까지 더하면 그 수는 늘어날 것이다. 분산되
어 있어 사람들에게 잘 눈에 띄지 않지만, 이 수는
같은 기간 동안 죽은 777만 명의 사람에 비해서도
4%가량이다.

2   이하의 모든 값은 통계청의 각 연도 사망원인통계를 분석한 값
     이다.

도표 1은 이런 죽음이 특히 젊은 연령에 집중
된다는 사실을 보여 준다. 1992~2021년 동안 발
생한 교통사고 사망자 가운데 사망시점 연령이 29
세 이하인 사람의 비율은 24%, 30~64세 구간인
사람의 비율은 54%에 달한다. 전체 사망자의 3분
의 2를 노년층이 차지하지만, 교통사고 사망자 중
65세 이상인 사람의 비중은 22%다. 결국 교통사
고는 젊은 연령일수록 중요한 사망 원인이었다.[3]
1992~2021년 사이 죽은 0~29세의 사람 다섯 명
가운데 한 명이 운수사고로 죽었다. 이들 6만여 명
은 사고가 없었다면 대부분 지금도 활발히 활동하
고 있을 것이다. 1992~2021년 사이 운수사고로 죽
은 30~64세의 사람 14만여 명(이는 이 30년간 해당
연령대에서 죽은 사람 16명 가운데 한 명이다.) 역시 사
고가 아닌 다른 원인으로 죽었더라도 꽤 많은 시간
을 누렸을 것이다. 교통사고는 전형적인 횡사다.
　　27만 명의 때 이른 죽음에 적지 않은 사람들
이 오히려 무심하다는 생각이 들었던 것이 세월호
사건 당시 있었던 '교통사고' 논란이다. 교통사고

3　　65세 이하의 교통사고 사망자 수 비중은 지속적으로 낮아졌으
　　나 2021년에도 아직 과반을 넘는다.

가 늘 일어나는 종류의 죽음, 그래서 사고의 직접적 원인이 된 개인을 처벌하고 손해를 본 사람에게 배상하면 끝나는 일을 지시하는 무심한 말처럼 쓰였다. 하지만 그렇게 만연해 있는 죽음은 도시를 하나 없앨 수 있을 정도의 양이었다. 교통사고가 자동차 지배의 결과 피할 수 없게 된 '정상사고(normal accident)'[4]라고 해도, 27만 명의 죽음을 그저 늘 일어나는 일로 폄하하는 사고방식 자체가 문제라고 생각했다. 교통사고라는 말을 비하의 의미로 쓰는 태도는 사고를 몇몇 어리석은 개인의 책임으로 일어난 일 정도로만 바라보게 한다.

이런 시각이 무언가를 놓쳤다는 것을 귀신 이야기와 대형 교통사고가 결합된 도시 전설이 보여준다. 철도의 경우 구포역 열차전복사고(1993)가 있었던 지역 부근에서 귀신이 나온다는 도시 전설이 많이 도는 것으로 보인다. 대구 1호선 건설 도중에 가스폭발사고(1996)가 있었던 대구 상인동 부근, 중앙로역 화재사고(2003)가 있었던 대구 1호선 중앙로역 또한 도시 전설의 장소다. 이리역(지금

---

4   찰스 페로, 김태훈 옮김, 『무엇이 재앙을 만드는가?』(알에이치코리아, 2013).

의 익산역) 폭발사고(1977) 역시 도시 전설을 불렀다.[5] 항공, 해운사고는 사고 지점이 외딴 곳이지만, 철도는 역이 도시의 중심으로 주변에 수백 년 이상 인간의 삶이 누적된 지점이라는 사실 덕에 이렇게 사고가 도시 전설로 번역되기도 상대적으로 쉬웠던 것일까. 이후 제도로, 안전 설비로 번역된 사고의 교훈만으로는 풀리지 않는 억울함에 대한 상상이 이렇게 도시 전설로 남지 않았을까.

경부고속도로를 짓다가 죽은 최소 77명의 노동자들이 도시 전설이 되지 않았다는 점이 의아해진다. 일제의 철도 부설은 조선인의 저항에서 유래했던 많은 도시 전설을 불렀는데 말이다. 귀신도 관원을 찾아 민원을 넣는 관료제의 나라 한국답게, 관료 집단이 억누르면 괴담도 사그라들었던 것일까? 하긴 군경과 같은 기관이 귀신을 누를 수 있다는 믿음 역시 한국 도시 전설의 일부분이다. 세월호 사건 이후의 긴 이야기는 이제는 억울함을 국가

---

5   이 경우 귀신 이야기는 확인할 수 없었으나 사고 결과 구시가와 대규모 집창촌이 파괴된 데 대한 음모론이 증언으로 남아 있다. 정호기·양아기, 「철도종사자의 사회 재난 적응 경험: 1977년 이리역 폭발 사고를 중심으로」, 《한국직업건강간호학회지》, 제28권 제1호(2019), 1~11쪽.

가 억누르면 눌리는 도시 전설의 음지 속에 방치하기보다는 좀 더 겉으로 드러내고 표현해야 한다는 요구를 담고 있을지도 모르겠다.

진화와 횡사

인간에게 횡사의 조건 가운데 중요한 것은 죽은 사람의 나이다. 사고로 죽은 사람이 젊을수록 사람들의 반응은 격양된다. 억울함, 안타까움 모두가 강화되는 것이다. 그런데 이런 반응은 인간이라는 종족이 어떻게 죽는지에 따르는 것 같다.

인간은 늙어 죽는다. 소크라테스가 자신을 죽이려는 판결 앞에서도 도망치지 않았던 이유 중 하나도 나이다. 반면 나무는 수백, 수천 년을 살 수 있고, 가장 큰 줄기가 부러지거나 찢어져 나무가 파괴되더라도 줄기, 가지나 뿌리에 줄기 세포[6]가 일부라도 살아 있으면 다시 재생이 된다. 늙어

6 　다음 리뷰를 참조했다. Thomas Greb, Jan U. Lohmann, "Plant Stem Cells.", *Current Biology*, Vol.26, No.17(2016), pp.816~821. 한편 나는 『역학의 철학』과 같은 시리즈에 속하는 Melinda B. Fagan, *Philosophy of Stem Cell Biology*(Palgrave Macmillan, 2013)를 동료 생물학자와 합심해 한국어로 번역하려고 시도했으나 출판사를 찾지 못해 좌절했던 기억이 있다.

도 이 능력은 마찬가지이고, 오히려 덩치가 커져 그 씨를 퍼뜨릴 수 있는 범위가 넓어진다. 800세까지 산 팽조나 969세까지 산 므두셀라보다 오래 사는 나무가 지구상에 적지 않다. 묘목이야 몇 만원에 거래되면 족하다. 예초기의 칼날에 잘려 나가지 않으면 다행일지 모른다. 묘목의 죽음은 누구도 관심을 가지지 않지만 오래된 거대한 나무, 노거수의 죽음은 화제가 된다. 자동차 지배 속에서도 적지 않은 노거수는 보호해야 한다는 여론을 입고 살아남을 수 있었다. 국도가 시골 마을 앞의 당산나무를 우회하는 풍경, 아니면 청주IC에서 청주시내까지 이어진 가로수길의 플라타너스를 피해 간선도로를 확장한 광경을 떠올려 보라.[7] 나무에게 호상의 기준은 인간과 완전히 다르다.

나무가 실제로 억울해할까? 노거수의 파괴에 안타까워하는 마음은, 그리고 길을 내느라 훼손된 노거수가 해꼬지를 한다는 도시 전설은 인간중심적이다. 하지만 한 그루의 나무가 오랜 세월을 너끈히 버틸 수 있다는 사실에 기반한다. 젊고 어릴

---

7   이광희, 「청주시의 가로수 전쟁」, 《충북메이커스》, 2019년 1월 23일.

수록 억울하고 안타까운 인간의 죽음, 늙고 오래될 수록 억울하고 안타까운 나무의 죽음. 대체 무엇이 이런 차이를 부르는 것인가?

인간은 늙으면 모든 역량이 저하된다. 호상이 가능한 이유도 노화에 있다. 죽음을 자연스레 준비해야 하는 존재. 반면 나무는 상대적으로 노화에서 자유롭다. 노거수는 여전히 생생하다. 이것은 횡사와 호상이라는 구분을 가능하게 하는 기반이 곧 노화라는 말이다. 그런데 이런 노화를 그저 주어진 사실로 받아들이기는 어렵다. 영구치나 골격 약간을 뺀 인체의 모든 부분을 이루는 분자는 대사 작용을 통해 몇 달이면 모두 당신이 먹었던 분자로 교체된다. 이것은 살아 있는 인체는 끊임없이 분자 부품을 갈아 끼우는 활기찬 시스템이지, 물리적 균열과 화학적 풍화로 인해 삭아 가는 기계 부품과는 다르다는 뜻이다. 노화는 자기를 스스로 보수하는 시스템에서 일어나는 체계적인 오류라고 보는 편이 낫다. 시간이 지나면 생명체는 늙고 낡는다는 인간의 상식에서 멈추는 것은 이 오류를, 나아가 인간의 호상과 횡사를 이해하는 만족스러운 방법이 아니다. 이 오류가 왜 생겨났는지 설명하는 진화 이론의 문을 잠시 열어 보자.

동물의 세계에서 인간의 수명은 분명 긴 편이다. 온대 또는 냉대 지방인 한국에서는 봄이나 여름에 부화해 서리가 내리면 죽는 벌레가 대부분이지 않던가? 나에게 겨울을 여는 이미지는 가을 내내 동네의 후미진 길목에 거미줄을 친 채 그물 한가운데를 위풍당당하게 차지하고 있던 호랑거미가 첫서리를 맞고 얼어 죽어 있는 모습이다. 훨씬 더 복잡한 삶을 살며 뛰어난 지능을 가진 문어나 오징어 역시 초고속 생활사를 보여 준다. 이들은 태어나서 단 한 번 번식을 하고, 곧 죽어 간다. 번식할 때 급격한 노화를 겪으며, 차가운 심해에 사는 일부 종을 빼면 태어난 지 2년 내로 죽는다. 바닷속에서 직접 문어들과 대면한 『아더 마인즈』의 고프리 스미스와는 달리 나는 기껏해야 포항 죽도시장 채반 위에 누워 있는 대왕 문어를 본 정도이지만, 아이보다 큰 대왕 문어들이 정말로 이만큼 산다는 것은 짐작하지도 못했다. 나무, 인간, 문어와 거미에 이르는 차이가 35억 년 전 하나의 조상으로부터 기원했다는 사실은, 이를 인류가 받아들이는 데 1세기 넘는 시간이 든 것이 전혀 이상하지 않을 정도로 경이롭다.

진화생물학자들은 이 사실을 몇 가지 공리에

기반해 설명하는 논리를 짜냈다. 몇몇 기초 공리로 부터 노화라는 결론에 이르는 이 설명을 간략히 적어 보기로 한다.[8]

돌연변이 유전 정보의 변이는 세포가 복제될 때마다 무작위로 일어나며, 특히 생식 세포의 변이는 후대에 영향을 미친다. 이들 변이 가운데 상당수는 생존율이나 번식률에 영향을 미치는 형질로 이어진다.

자연선택 번식율을 높이는 형질을 가진 개체의 수 및 개체군 내에서의 비율은 증대된다.

여기까지는 진화 이론의 공리라고 할 수 있다. 그렇다면 돌연변이와 선택은 어떻게 노화로 연결되는가? 핵심 아이디어는 이것이다. 번식은 생물의 일생 가운데 특정 시점에만 일어나는 사건이다. 따라서 번식이 끝난 다음 발현되는 형질은 자연선택과 무관하다. 또한 돌연변이는 대체로 개체에게 해롭다. 따라서 번식 이후에 개체에게 해로운 형질을 발현시키는 돌연변이는 제거되지 않고 남을 것이다. 이 가운데 노화를 촉진시키는 돌연변이가 있을

8   다음 두 권의 서술을 참조했다. 엘리엇 소버, 민찬홍 옮김, 『생물학의 철학』(철학과현실사, 2004) 3~4장; 피터 고프리스미스, 『아더 마인즈』 7장.

것이고, 그에 따라 개체는 우리가 보는 대로 늙어 간다. 이를 제안자인 영국의 면역학자 피터 메더워의 이름을 따 **메더워 메커니즘**이라고 부른다.

더불어 이를 보완하는 메커니즘도 있다. 생애 주기별로 번식률이 달라진다고 하자. 여기에서 번식률을 탄생 개체 대비 후속세대 개체라고 한다면, 번식률은 포식자에게 잡아먹히거나 다른 사고로 죽는 개체가 많을수록 낮아질 것이다. 이 경우 생애 초기에는 번식률을 높이지만 시간이 갈수록 개체에게 해로운 형질을 발현시켜서 번식률을 낮추는 돌연변이는 자연선택에 의해 오히려 확산될 것이다. 이를 제안자인 미국의 진화생물학자 조지 윌리엄스의 이름을 따 **윌리엄스 메커니즘**이라고 부른다. 그다음 이들 메커니즘을 수리적으로 증명하고, 이를 통해 개체의 번식률이 나이가 들수록 증가하는 것이 아니라면 노화가 사실상 진화 이론의 필연적 결론임을 보여 주는 해밀턴의 논문[9]이 오는 것이 교과서적 순서다.

인간에게 이들 이론을 적용해 보자. 인간은 청

---

9   W. D. Hamilton, "The moulding of senescence by natural selection," *Journal of Theoretical Biology* Vol.12 no.1(1966), pp.12~45.

년기에 번식한다. 따라서 메더워 메커니즘이 작용해 그 이후에 개체에게 해로운 성질은 계속 누적되었을 것이다. 또한 인간은 선사시대나 전근대에는 높은 영아사망률과 만연한 감염병, 기근 등으로 지금보다 생애 초기에 죽을 확률이 높았다. 인간이 진화된 기간 동안 겪은 삶의 조건이 윌리엄스 메커니즘이 작용할 만한 조건이었다는 뜻이다. 결국 인간은 두 메커니즘에 의해 노화를 부르는 변이를 가득 안게 되었다.

인간의 운명은 문어의 운명과도 겹친다. 인간에 비해 그토록 짧은 문어의 수명은, 이들이 어떤 위험 속에서 살아가는지 확인하면 어렵지 않게 설명된다.

문어 한 마리가 숨을 곳 없는 물속 한가운데에서 쥐치 떼에게 붙잡힌 것이다. 쥐치들은 피라냐처럼 수백 마리가 몰려다닌다. …… 쥐치들은 문어를 조심스레 몇 번 건드려 보더니 한꺼번에 달려들어 문어를 산산조각 내 버렸다. 문어는 처음에 막아 보려고 하다가 수면을 향해 미친듯이 도망쳤다. 그러나 그는 불과 몇 분만에 죽고 말았다.[10]

문어와 같은 두족류는 연한 조직만으로 이루어져 있다. 이들의 부리는 흉포한 쥐치 떼에 대항하는 용도로는 사용할 수 없다. 따라서 문어는 오직 자신의 근육으로 내는 속도에만 의존해 위험을 피하고 먹이를 잡아 올 수 있다. 추격을 따돌리고 몸을 숨길 은신처에서 지나치게 멀어지는 실수를 범한 문어는 배고픈 쥐치 떼들에게 순식간에 둘러싸인다. 순간의 실수로 문어는 산산조각 난다. 교통사고로 죽게 된 사람이 범한 실수, 그리고 그의 운명도 그리 다르지 않은 듯하다.

수명이 짧은 문어의 유전 정보에서 생애 초반에 이익이 되는 형질은 비중이 커지고, 생애 후반의 노화를 불러오는 형질은 걸러지지 않은 채 누적되어 왔다.(고프리스미스의 증언에 따르면 노화를 겪은 두족류는 마치 유령과 같은 모습이라고 한다.) 이 설명은 인간과 나무의 서로 다른 운명 또한 이해할 수 있게 돕는다. 나무는 언제든 번식할 수 있고, 따라서 오래된 개체에게 해로운 형질 또한 자연선택 과정에서 지속적으로 걸러졌을 것이다. 더불어 노거수가 될수록 이를 파괴할 수 있는 힘은 점점 줄어

10 피터 고프리스미스, 앞의 책, 277쪽.

든다. 결국 메더워 메커니즘과 윌리엄스 메커니즘의 톱니바퀴는 노거수 앞에서는 잠시 멈춘다. 인간이 노거수의 횡사를 안타까워하는 이유는, 이렇게 노화와 소멸을 피하고 계속해서 생장할 수 있는 노거수 자체의 가능성 때문인 것 같다.

기후 파국 속의 횡사

나무 역시 폭풍, 산불, 가뭄 앞에 죽는다. 운 좋게 이를 피하더라도 우리가 노거수라고 하면 떠올리는 거대한 덩치에 이르려면 주변 개체를 모두 압도해야만 한다. 전근대의 인간은 이를 위해 나무를 도운 주요 조력자였다. 토목 시설을 만들어 지형 자체를 변화시킬 힘을 가진 인간은 나무가 번창할 환경을 더 잘 만들 수 있었다. 세대에서 세대로 이어지며 정보를 전수하는 인간 집단과 나무라는 개체 자체가 가진 힘의 합작품이 바로 마을 입구에 서 있는 노거수다.

오늘날 도시에서 미래의 노거수가 될 나무들은 사라져 간다. 강력해진 토목과 건축 기술의 힘은 물론이거니와 시장의 힘 또한 무시할 수 없다. 재개발로 동네 전체가 통째로 사라지면 그 일부인

나무 역시 노거수가 될 여지 자체를 얻지 못하고 죽는다. 나무의 횡사. 운 좋은 극히 일부 나무를 빼면 우리 도시의 나무는 모두 횡사할 것이다. 이렇게 횡사하는 나무들은 전근대부터 살아온 노거수에 비해서는 당연히 어리다. 결국 인간의 주목 같은 것은 받지 못한 채 미래의 가능성은 사라져 간다.

기후 파국은 횡사의 범위를 넓힌다. 도시와 마을의 나무만이 문제가 아니다. 대륙적 규모를 자랑하는 거대한 숲, 열대우림이 녹아내린다. 열대우림 침탈의 첨병이 새 도로라는 점은 잘 알려진 사실이다. 5장에서 확인했듯 길에 면한 토지를 모두 개발할 수 있는 도로망의 특징 때문에 인간 활동이 열대우림 속으로 스며들어 이들을 녹인다. 산호초는 해양산성화의 여파로 녹아 버린다. 산호의 뼈대인 탄산칼슘은 해수의 산성도가 높아지면 문자 그대로 해수에 녹아내린다. 숲과 산호초는 시공간적으로 수많은 개체를 포함하는 거대한 군집이다. 이들은 거의 반영구적인 재생산 역량에 기초해 수천만 년 동안 주변의 변화에 맞춰 적응해 왔다. 하지만 기후 파국은 이들의 재생산 능력을 파괴하고 있다. 6장에서는 건조하게 말했지만, 기후 파국 속의 대멸종이란 곧 노거수나 도시의 수명을 아득히 뛰어넘는 시간 동안 지속되어 온 거대 생태 시스템의 횡사를 말하는 것이다. 배출되는 탄소의 후과로 인간은 이들을 횡사로 내몰고 있다.

이들 시스템에도 말하자면 호상이 있을 수 있다. 이른바 천이(succession) 과정이 천천히 이어진다면 그렇게 볼 여지가 있을지 모른다. 마치 인간이 노화를 거치며 예상 가능한 방식으로 죽어가는 다른 사람들을 보고 마음의 준비를 할 수 있듯, 천이 과정이 천천히 이루어진다면 생물 개체군 역시 적응할 여지를 조금이나마 가질 것이다. 기후변화를 위기라고까지 말하는 이유는 이런 과정이 전격적으로 이루어지기 때문이다. 산호초가 소멸하면, 열대우림이 소멸하면 이들을 최적 서식지로 삼아 살아가던 생물종은 다른 서식지를 찾을 여지를 가지지 못한다. 한라산 고산부에 사는 식물이나 곤충 개체군을 떠올려 보라. 문자 그대로 이들은 설 땅을 잃고 지상에서 증발하고 만다.

물론 수명이 일정하고 노화가 오는 사람과는 달리, 생태 시스템이나 개체군의 횡사와 호상에서 일관된 기준을 찾기는 어렵다. 이 문제에 접근하기 위해 일단 두 가지 지침을 제안하고 싶다.

첫째, 인류 문명은 (진화의 시계를 기준으로 볼

때) 얼마 전까지 없었으므로 생태 시스템이나 개체 군 횡사의 원인으로 최근 추가된 것이다. 따라서 무엇이 이들의 호상인지 규정하는 작업은 미루고, 인간에 의한 멸종을 곧 횡사라고 일단 평가한다.

둘째, 인류 문명에 의한 파괴를 피한다면 수백 년 이후에도 살아남을 수 있는 생태 시스템이나 개 체군은 인류와 무관한 미래 요인에 의해 호상을 겪 을 것으로 일단 추정한다.

두 지침은 21세기 초반 인류 문명에, 그리고 이 문명의 활동이 의미 있게 작동할 수백 년 단위 의 미래 시간에 초점을 맞춘다. 이 두 항목에 초점 을 맞추는 것이 바로 기후위기와 그로 인한 파국을 조명할 때 핵심이다. 이 차원이 라투르가 지목한 우리 인류 주변의 얇은 막인 대지다. 이 대지 차원 으로 (자연사 전체에 대한 관심에 비해) 시야를 좁히 거나 (이번 세대 인간의 활동에 대한 관심에 비해) 넓히 는 것. 이것이 기후 파국의 맥락에서 대멸종에 휘 말린 생태 시스템이나 개체군에게 횡사와 호상을 적용하는 가장 적절한 방법이라고 생각한다.

이렇게 대지에 초점을 맞추는 입장이 가진 가 치를 하나 더 언급하고 싶다. 자연 경관은 인간이 대지를 인식하는 하나의 틀이면서, 거의 모든 사람

에게 미적 감명을 주는 대상이다. 4장에서 보았듯
무언가 미적으로 가치가 있다는 평가는 그 무언가
가 우리와 아무 관련도 없는 것일지라도 존중하도
록 만든다. 그런데 자연 경관에서 지구 가열로 인
해 위기에 처하는 것은 대체로 생태 시스템이다.
만년설이나 빙하가 녹아 지표면 침식 속도가 빨라
지고 해안선이 불안정해지겠지만, 대부분의 지형
은 인류가 파멸해 멸종한 다음에도 그저 그 자리에
있을 것이다. 울산바위는 지금까지 1억 년 이상 존
재해 왔듯 인간의 도시 울산이 사라져도 그 자리에
영원히 있을 것이다. 지구 가열에 의해 특히 위협
받는 대상에 존중의 조명을 비출 만한 미적 가치를
찾아 강조하는 작업이 필요하다. 대지는 이 작업의
출발점이 될 수 있다.

　　자연에서 얻을 수 있는 미적 체험이 가진 가치
가운데 대표적인 것이 숭고다. 하지만 숭고는 대지
보다 훨씬 더 넓은 지점에 조명을 비춘다. 노거수
와 빙하, 울산바위 모두는 인간에 비해 클 뿐만 아
니라 긴 시간 동안 존재해 온 존재자다. 이들은 현
재의 자신을 존재하게 만든 힘과 시간을 활용해 무
한성('단적으로 큰 것')을 상상하게 만든다는 의미에
서 숭고를 불러일으킨다. 하지만 기후위기 상황에

서 노거수와 빙하는 미래에는 곧 소멸할 운명이다. 적어도 미래 방향으로는 취약함과 유한성, 죽음을 상상하는 것이 필요하다. 더불어 이러한 상상은 기후 파국에 대한 체념보다는 직면으로 우리를 이끌어야 한다.

기계의 죽음과 이동의 위기

지금까지 우리에게 익숙한 인간의 죽음부터 나무나 문어의 죽음을 거쳐 숲이나 산호초를 비롯한 하나의 초개체, 즉 생태계의 죽음에 이르기까지 죽음의 개념을 확대해 왔다. 이런 확장의 과정 속에서 인간이라는 특정 종족과 결부된 죽음의 개념이 어떤 한계와 어떤 가능성을 가지는지 확인할 수 있었다.

인간의 죽음을 가장 전형적인 죽음이라고 하자. 인간은 대체로 호상을 겪지만 가끔 횡사한다. 한편 동물의 세계는 대부분 횡사로 가득 차 있다. 그런데 호상의 개념은 결국 노화, 즉 갖은 돌연변이에 기인하는 기능적 쇠퇴에 기반하고 있다. 이런 기능적 쇠락을 생각하기 어려운 나무나 초개체에 대해서는 호상이 무엇인지 규정하는 것이 어려웠다. 이 경우에는 오히려 횡사가 무엇인지 규정하는 것이 훨씬 더 쉬운 일이다.

아예 생명이 아닌 사물, 즉 인간과 생명의 나무를 공유하지 않는 사물도 많다. 여기에 대해서도 죽음이라는 말을 사용할 수 있을까? 물론 그렇다. 우리는 로봇 강아지와 이동 기계, 제도나 국가에 대해서도 사멸을 이야기할 수 있다. 산이나 바다도 지질 시대 속에서 사멸할 수 있다. 시공간적 규모를 더욱 크게 하면 별이나 우주에 대해서도 죽음을 이야기할 수 있다. 세 개 정도의 요소만 도입하면 죽음의 도식을 만드는 데 충분하지 않을까? 어떤 존재자 A. A의 시공간적 유한성. 과거로부터 미래에 이르는 시간의 흐름. 특정 시점에 A가 자신에게 허용된 유한성의 경계를 넘는 시점이 바로 죽음의 시점일 것이다. 인간 또는 많은 동물에서는 순환계와 신경계가 기능 정지할 때를 죽음의 시점으로 본다. 생물이 아닌 존재자들에게는 이렇게 존재와 비존재 사이를 딱 잘라 말할 수 있는 임계점은 없다. 그렇지만 임계점이 부재한다고 해서 존재와 비존재를 객관적으로 구별할 수 있는 여지가 아예 없다는 함축은 없다. 나는 어떤 존재자가 존재에서 비존재로 변화하는 그 지점에 대해 죽음이라는 표현을 적용하고 있다.

이 책의 주제에 맞춰 이동 기계로 논의의 폭을 좁히자. 이들 기계 각각은 전형적인 개체다. KTX 1호기는 1997년 조립된 기계다. 또한 각각의 기계는 일정한 수명을 가진다. 감가상각기간이 이 수명의 통상적인 길이다. 예를 들어 고속철도차량의 감가상각기간은 30년으로 설정된다. 말하자면 이 기간을 채우는 것이 호상인 셈이다. 이후에도 제도를 바꾸면 지속적인 수선을 통해 활용할 수야 있다. 특히 선박은 대수선을 통해 좀 더 긴 수명 동안 쓸 수도 있다. 하지만 상업적 환경이 급변하므로 이들 개별 기계는 결국 감가상각기간이 지나면 폐차된다. 적어도 사람들이 '똥차'를 가능하면 피하려 드는 선진국에서는 그렇다. 한편 이 기간 이내에도 사고로 차량이 대파되어 폐차될 수 있는데, 이것을 기계의 횡사라고 부를 만하다.

자동차의 점령 과정에서든, 아니면 다른 이동 기계의 확대 과정에서든 개별 기계의 횡사는 점차 줄어든다. 사고가 관리되어 빈도가 줄기 때문이다. 운전하거나 탑승하는 사람의 죽음이 줄어드는 이유도 이 때문이다. 다만 이들 개체는, 그리고 이들 개체로 이루어진 차종이나 기종은 시간이 지나면 사멸한다. 기술, 취향, 산업이 함께 작용해 옛 모델을 더 이상 쓸 수 없도록 만들기 때문일 것이다. 이 과정에서 SUV처럼 모든 것을 지배하는 새로운 유행이 나타나기도 한다. 반면 이들 개체, 또는 차종이 이루고 있는 전체 교통 시스템은 지금까지는 확대 일로를 걸어왔다. 개체의 죽음과는 달리 이동 기계가 이루는 일종의 생태계, 즉 초개체는 계속해서 번영해 왔다. 초개체의 운명은 숲이나 산호초처럼 안정적으로 유지되는 균형을 찾는 데 달려 있다.

하지만 오늘의 이동은 그렇지 못하다. 이동의 위기. 자동차 지배 시스템, 지구적 항공망은 번영의 결과 온실가스를 내뿜고 지구를 가열시켜 스스로의 기반이 되는 길과 도시를 파괴하고 파괴할 것이다. 이런 의미에서 이동의 위기는 교통 시스템이 직면한 횡사의 위기의 다른 이름이다.

철도망은 다른 망보다 먼저, 기후와 아무 관련 없이 횡사를 겪었다. 자동차 지배 과정에서 폐선과 축소를 겪은 경우가 대부분이기 때문이다. 영국의 지선 철도망을 파괴한 비칭 박사의 도끼질[11]을 필

11　1963년 지역의 말단 노선이 철도 적자의 대부분을 차지한다는 관찰하에 이루어진 망 개편 계획. Network Rail, "Dr Beeching's axe." https://www.networkrail.co.uk/who-we-are/our-history/making-the-connection/dr-beechings-axe/

두로, 대부분의 선진국에서 소도시를 연결하는 지선 철도망은 대폭 축소되었다. 한국의 경우 폐선될 만한 철도 자체가 적었지만, 자동차 지배가 확대되면서 수려선, 진삼선 등이 폐지되기도 했다. 더불어 철도망의 부활 과정에서도 자동차 지배 환경을 당연시하는 분위기 속에서 도심에 근접한 철도 노선과 도심 인근 역이 소멸하는 경우가 생겼다.

이 과정을 자연스러운 천이 과정에 따른 호상으로 서술할지, 급작스러운 횡사로 서술할지는 서술자의 선택이다. 나는 횡사가 더 적합하다고 생각한다. 여전히 소도시에 필요한 교통을 지원할 수 있는 잠재력을 가지고 있던 노선의 경우에는 더욱 그렇다. 문제는 왜 횡사가 일어났는지다.

비용 문제 철도망을 유지하는 것보다는 다른 수단으로 교통망을 전환하는 것이 회계적으로 더 유리할 수 있다. 버스는 고정 비용이 적고 유연하게 노선을 설정할 수 있어 공공교통망의 대안으로 꼽히며 철도가 죽어 없어진 연결을 메웠다. 그런데 이 비용은 결국 의도적인 측정과 계획에 따라 밝혀진 것이다. 비칭 박사의 도끼질에서처럼 노선의 적

(2022년 11월 13일 마지막 확인)

자 규모를 기준으로 노선 폐지를 결정하려면, 이 노선의 성과를 망을 이루는 다른 노선으로부터 잘라 내 비교해 보았을 때 가능한 것이기 때문이다.

수요 문제 이러한 비용 효율성은 이동 수요가 철도망에 얼마나 남아 있는지에 따라 결정된다. 그리고 이렇게 수요가 약화된 지역은 결국 사람이 점차 빠져 나가는 쇠퇴 지역이다. 쇠퇴 지역에서 교통로가 철수한 결과, 쇠퇴는 더욱 가속화된다.

나머지 노선의 부실화 문제 이런 횡사, 도끼질은 여전히 주요 노선과 대도시에서의 경쟁력은 남아 있는 상태에서 이루어진 것이다. 말하자면 질서 있는 후퇴를 위해 일부 노선을 버린 것이다. 이런 질서 있는 후퇴를 통해 남은 자원을 재배분하고, 경쟁력이 남은 노선마저 무너지지 않도록 하는 것이 비칭의 구상이었다.

물론 비칭 박사의 도끼질은 거의 모든 선진국에서 논란을 불렀다. 쇠퇴 지역을 버린다는 말은 결국 그 지역에 뿌리를 내린 사람들의 삶을 부정하는 것과 같다. 비칭 박사의 도끼질은 기후위기 시대의 이동의 위기가 어떤 딜레마를 부르는지를 작은 규모로 보여 주는 모형처럼 보인다. 자동차 지배 시스템이나 항공 시스템의 과잉 팽창을 계속 조장해서 이동의 위기, 즉 지구 가열을 가속화시켜 세계 도시 시스템을 개도국 도시부터 무너뜨리고 국제 분업과 무역, 공급망을 훼손시켜 소국과민의 미래를 강제하게 되는 상황. 지구적 교통 시스템 자체의 부분적 기능 부전이 누적되면서 증대할 망 전체의 횡사 위험을 감수할 것인가? 아니면 이들을 적정 범위 내로 조정하여 횡사 위험을 우리의 노력이 영향을 미칠 시간 내에서는 회피할 것인가?

모든 것이 우연은 아니다

마지막으로 지금까지의 논의를 쌓아올려 조립한 한 가지 추측을 더하고 싶다. 기후 파국은 인간의 횡사를 조장하는 진화적 버튼일지 모른다.

20세기 후반 의학은 기근, 자연재해, 감염병, 대규모 열전(熱戰)으로부터의 자유를 얻었다. 그리고 이 기반 위에서 의학은 노화나 유전적 결함에 의한 질병에 집중할 수 있었다. 아직 성과가 충분하지는 않지만, 개인별 맞춤 의학이 가능할 것이라는 전망까지 나오고 있는 것이 사실이니 시간(물론 수백 년 정도는 생각해야 할 것이다.)을 두고 기다려 보면 우리는 노화를 부르는 생리학적 문제나 여타 유전적 결함까지도 정복하게 될지 모른다.

　그러나 기후 파국이 진행되면 인간의 삶은 횡사에 취약해진다는 의미에서 전근대에 가깝게 돌아갈 것이다. 기후 파국 속에서 되돌아오는 것은 결국 전근대, 또는 20세기 초반까지의 문제이기 때문이다. 인류는 의료와 연구 자원을 다시 배분해야 할 것이다. 이들 자원이 제대로 전달되지 않는 지역도 생겨날 것이다. 코로나19는 무슨 일이 일어날지 보여 주는 하나의 예고편이다.

　여기까지는 모두가 아는 상식이다. 이 상식에 노화의 진화 이론을 겹쳐 보자. 횡사의 조건이 널려 있던 전근대는 메더워·윌리엄스 메커니즘이 모두 작동했을 것이다. 한편 20세기 후반과 21세기 초 선진국의 삶에서는 횡사가 점점 더 사라져 가는데다 의학의 발전으로 노화에 따른 질병까지 조금씩 공략할 수 있게 된다. 메더워·윌리엄스 메커니즘은 이렇게 선택과 의학의 합작을 통해 점차 약해질 것이다. 2022년 인간은 팽조·므두셀라를 향해 아주 조금씩 다가가고 있다.

　그리고 기후위기와 함께 인류는 뒤로 물러나야 할지 모른다. 횡사가 늘어나는 인구 집단에서는 메더워·윌리엄스 메커니즘 역시 활성화된다. 게다가 의료와 연구 자원을 늘어나는 횡사를 막기 위해 다시 배분한다면, 맞춤 의학을 통해 자신의 문제를 예측하고 그에 대응할 수 있는 개인의 수 역시 그만큼 줄어들 것이다. 결국 기후 파국은 인간의 수명을 전근대로 되돌리는 압력이 된다.

어디까지나 추측일 뿐이다. 이 작용을 막을 반대 방향의 메커니즘이 기후 대책과 무관하게 나타날지도 모른다. 하지만 이동의 위기가 이런 진화적 추측을 현실화할 가능성을 증폭시킬 요소라는 것만은 되새길 필요가 있다. 횡사 중에서도 특히 젊은 사람에게 많은 교통사고는 그나마 선진국에서는 꾸준한 감소세를 보이고는 있다. 그러나 이동의 위기가 증폭시키는 지구 가열로 인한 횡사의 규모와 이로 인한 의료 자원의 분산이 미칠 영향은 어떤 범위에 이르게 될지 짐작하기 어렵다. 분명한 것은 각 개인의 삶을 횡사로부터 지키기 위해 지금까지 누적시킨 의학의 노력 역시 이동의 위기와 함께 위태로워진다는 것뿐이다.

마지막 장의 이야기는 우연에만 의존해서는 대형 사고를 마주한 사람들의 비감을 설명하기 어렵다는 데에서 시작했다. 우연이란 인간을 포함해 모든 종류의 자연사 의존 존재가, 아니 우리 우주

자체가 가지는 숙명이기 때문이다.

　이런 숙명 속에서도 용인할 만한 죽음과 용인하기 어려운 죽음은 나뉜다. 전자를 호상, 후자를 횡사라고 불렀다. 인간은 모든 종류의 노력을 정치와 제도라는 접착제로 한데 붙여 개별 인간과 몇몇 생물 개체의 횡사를 막고자 한다. 그러기 위해 이들 개체가 의존하는 다양한 시스템의 횡사 또한 막고자 한다. 이 노력은 때로 실패로 돌아간다.

　모든 것이 확률적인 우리 우주에서 이는 피할 수 없는 상황일지 모른다. 그러나 이 노력이 충분했는지, 아니 누군가가 횡사를 조장한 것이 아닌지 의심스러운 상황도 분명 있다. 이것이 아마도 대규모 사고 앞에서 느끼는 비감의 실체이리라. 이 비감은 일종의 도시 전설까지 이어지고는 한다. 과거의 기억을 담은 귀신 이야기가 사고의 현장 곳곳에 남아 있다. 이들은 과거의 억울함을 이야기하면서, 미래의 횡사를 경고한다.

　기후위기 시대 이 경고의 내용은 아주 구체적인 이 사람의 횡사에서 그치지 않고, 그쳐서도 안 된다. 단지 팽조·므두셀라를 향한 인류의 행진만이 문제가 아니다. 죽음이 어디까지 넓어질 것인지, 그리고 그렇게 죽는 것들 가운데 다른 종의 개체군이나 생태 시스템 같은 초개체만이 아니라 이동을 향한 우리의 열망까지 끼어 있지는 않은지가 문제 다. 개인을 넘어 교통의 세계 전체가 횡사할 위험 에 처했다. 이 횡사의 위험을 줄일 정치와 제도라 는 접착제가 얼마나 충분한지 아직 그 누구도 자신 있게 말할 수는 없다. 그렇게 오늘의 우리는 이동 의 위기에 따른 기후 파국에 점차 더 가까이 다가 가는 듯하다.

감사의 말

열차가 없었다면 지금의 나 역시 없었을 것이다. 각자 시간을 보내는 수많은 사람들 사이에서 이동이 대체 무슨 의미인지 나는 묵상한다. 열차는 무엇보다 철학책을 읽으며 나의 정신이 생겨난 곳이고, 노트북으로 무장하면 그 어디보다도 집중해 글을 쓰기에 좋은 공간이다. 내가 이렇게 편하게 책을 보고 글을 쓸 수 있는 이유는 안전한 철도를 운행하기 위해 현장을 목숨 걸고 지키는 수만 명의 철도노동자 덕분이다. 이들이 나에게 힘이 되었듯, 나 역시 그들에게 힘이 되고 싶다.

이 책은 많은 부분 남부 지역의 여러 도시에서 쓰였다. 특히 부산은 교통과 도시에 대해 생각하기에 한국의 어디보다도 흥미로운 도시라고 생각한다. 오르막을 오르는 사람의 허벅지 근육에서 해안을 할퀴는 태풍의 파도까지 이 도시의 모든 이동하는 것들을 바라보며 문장을 썼다. 변화무쌍한 자연지형에, 이 험준한 곳에 대도시를 건설해 낸 시민들의 역동성에, 이 시민들의 무게를 지탱하는 복잡한 교통망과 기계들에게 모두 경의를 보낸다. 이 부산도, 내가 사는 인천도 해안 도시로서 기후위기를 직시했으면 좋겠다.

2021년 6월 철도노조가 발주한 보고서를 내면서 전작에서 미처 다루지 못한 여러 아이디어를 정리할 수 있었다. 이들 아이디어를 체계화한 단행본 기획안을 만들어 보냈던 것이 2021년 11월 17일이다. 믿을 만한 편집자로 떠오른 사람이 민음사 신새벽 편집자다. 이전 작업과는 다른 방향에서 급진적인 기획이 필요하겠다고 생각하던 차에 2020년 한국출판문화상을 함께 받은 《한편》이 떠올랐다. 이 잡지처럼 작업한다면 그동안의 발전과 충격, 절망, 자기반성을 표현할 수 있겠다는 생각이 들었다. 마침 그는 새로운 총서를 기획 중이었다. 탐구 시리즈의 제1권 박동수의 『철학책 독서 모임』은 오늘의 철학책이 이질적인 여러 존재가 서로를 존중하면서 만나는 만남 구역이라고 말한다. 내 책은 이 만남 구역을 현실의 교통에서 확인하는 일종의 환승역이 되었다.

시간이 늘 부족했다. 두세 달에 걸친 탐색은 지지부진했다. 본격적인 작업은 2022년 4월 중순에 시작했다. 이때에 이르러서야 지금의 1부를 이루는 초고를 써냈다. 이어서 5월 초 연휴에 지금의 3장, 5월 말 주말과 6월 현충일 연휴에 4장, 6월 하순 비행기에서 시작해 7월의 한 주말, 그리고 8월 초 휴가철에 걸쳐 5장을 썼다. 생업은 물론 『오송역』 등의 다른 집필 작업, 중간중간 들어오는 다른 청탁이 겹쳐 지금의 6장을 마친 것은 10월의 일이다. 서론을 써낸 것은 11월 초다. 당초 기획에 없었던 7장을 쓰게 된 것은 신새벽 편집자의 강력한 요청 덕이다. 11월 중순의 일이다. 이 긴 시간 동안 원고를 핑계로 여러 동료들에게 실망을 끼친 일이 적지 않다. 너그러움을 베풀어 준 모두에게 깊은 감사를 드린다.

이 책에는 나 개인의 사례를 활용하기 위해 주변 인물들이 종종 나온다. 특히 가족과 함께 살아온 인천이 자주 등장한다. 어려운 환경에서도 연구를 계속할 수 있었던 것은 가족의 지지 덕이다. 이 지지에 늘 감사한다.

　　서울시립대 자연과학연구소와 박인규 소장은 지난 저술을 마무리할 때부터 이 책을 마무리할 때까지 늘 든든하게 나를 지지해 주었다. 언제나 감사를 드린다. 인천대 지역인문정보연구소와 박진한 소장이 독일 출장으로 이 책에 현장감을 만들어 준 데 감사를 드린다. 출장길에서 실제로 9유로 티켓을 사용하고, 독일 현지의 만남 구역을 살펴볼 수 있었다. 최근 시민단체 공공교통네트워크에서 의기투합한 김상철, 이영수는 이 책의 아이디어를 발전시키는 데 큰 도움이 되었다. 더불어 동료 M, S, N, K, B, Y, H, J, 또 J에게도 감사드린다. 특히 M과 S는 피곤한 표정으로 논문이나 보고서를 들여다보며 골머리를 썩이고 있는 내 옆구리를 찌르며 도시와 교통의 미래, 공공성에 대해 깊이 생각하게 만드는 많은 말을 공급해 주었다. N에게는 코로나19가 끝나 사람들이 돌아온 거리를 함께 산책하며 왜 이 거리를 걷는 것이 기분 좋은지 알려 준 데, 그래서 4장의 아이디어가 유효하다는 증인이 되어 준 데 감사드린다. 철도 동호인으로 여전히 활발하게 의견을 교환 중인 국철진, 김영준, 강신원, 전성수, 제르모스, 김지수는 이 책의 문제의식에 다시 날을 세우는 데 큰 도움을 주었다. 특히 김지수의 중요한 지적은 이 책의 발아점 가운데 하나였다. 단행본 작업에 나 역시 도움을 아끼지 않으려 한다. 김영준과는 지금까지 그랬듯 한국과 주변국 도시 곳곳의 '제이콥스적 가로'를 계속해서 발굴하고 싶다. 살아 있는 도시 사진 아카이브 강신원은 이동의 위기에 대해 생각할 때 가장 중요한 '악마의 대변인' 역할을 맡아 주었다.

《조선일보》'일사일언'에서 교통에 대해 가볍게 에세이를 쓰는 작업의 재미를 알려 준 신동흔 기자, 《철도경제신문》에서 '플랫폼' 연재를 꾸준히 도와주고 있는 장병극 기자, 《시사인》지면에서 모빌리티 관련 최신 논의를 글로 옮길 수 있게 도와 준 김동인 기자 역시 이 책의 아이디어를 모으는 데 도움이 컸다. 또한 공공교통네트워크에서 만났으나 지난 5월 세상을 떠나 인연을 오래 잇지 못한 조중래 교수에게는 유고 편집 작업을 마무리하겠다고 약속드린다.

시간에 쫓기며 책을 집필하는 와중에 10월 중순 진행된 민음사 탐구 시리즈 초고 독회는 가뭄에 단비 같았다. 『우리를 바꾸는 우리』를 쓴 조무원 선생은 이 책의 초기 원고에서 중요한 역할을 했던 사회계약 이론의 전문가다. 내 등 뒤를 맡아 주는 동료와 같다고 생각하고 있다. 재난 대응 탐구를 집필 중인 박진영 선생은 이 책이 올바른 방향으로 가고 있다는 확신을 주었다. 김세영 편집자는 이 책이 너무 웅장하다는 평과 함께 구석구석을 흥미롭게 읽어 주었다. 더불어 마지막 장을 집필할 때 도착한 사월의책 박동수 편집자의 서평은 이 책의 가치를 다시 확신할 수 있도록 도왔다. 그가 아니었다면 7장을 시간 내에 완료하지 못했을지도 모른다.

이 책이 궤도에 오르기까지 맹미선 편집자는 신새벽 편집자와 함께 생각과 글을 다듬어 독자들이 막힘없이 지나가게 하는 기관차의 역할을 했다. 작업 초중반의 초고가 적지 않은 부분 재미없다고 정직하게 이야기해 준 데, 그럼에도 녹회에서 어떻게 이런 원고에 이르게 되었는지 이해했다고 눈물을 흘려 준 데, 끝까지 함께 읽으며 참고 문헌을 정리해 준 데 감사를 드린다. 신새벽 편집자는 완고하고 방만하던 초고를 생기가 도는 책으로 만들어 냈다. 다수의 개념을 제거해 구조를 단순화하고 새로운 문체를 찾아야 한다는 그의 판단이 없었다면 이 책은 지금보다 훨씬 늘어졌을 것이다. 개인의 일화를 잔뜩 꺼낸 것도, 두 개 장을 파기한 것도 그의 편집 의견을 따른 것이다. 탐구 시리즈를 이루는 빨간책이라면 무릇 가져야 할 경쾌함과 간결함을 이 책도 나누어 가진 것 같다. 100년 묵은 철도 건널목인 용산의 백빈건널목이 보이는 자리에서 맥주 한 잔을 다시 사 드리고 싶다.

마지막으로 기후위기에 충분히 대응하면서도 자기 가치감을 누리며 삶을 살아갈 수 있는 조건에 대해 고민하는 모든 사람들에게 이 책을 바치고 싶다. 이 책과 생각이 다르더라도, 기차에 탄 동료 시민들에게 한 번쯤 손을 흔들어 주었으면 좋겠다.

참고 문헌

게르트 기거렌처, 황승식·전현우 옮김, 『숫자에 속아 위험한 선택을 하는 사람들』(살림, 2013).

그레이엄 말라드·스테펀 글라이스터, 이번송·손의영·홍성효 옮김, 『교통경제학』(박영사, 2013).

그레천 바크, 김선교·전현우·최준영 옮김, 『그리드』(동아시아, 2021).

니시나리 가쓰히로, 이현영 옮김, 『정체학』(사이언스북스, 2014).

데이비드 카플란·스티븐 할로웨이·제임스 휠러, 김학훈 외 옮김, 『도시지리학』(시그마프레스, 2016).

로버트 매킨토시, 김지홍 옮김, 『생태학의 배경』(아르케, 1999).

루드비히 비트겐슈타인, 이영철 옮김, 『확실성에 관하여』(책세상, 2008).

리처드 플로리다, 안종희 옮김, 『도시는 왜 불평등한가』(매일경제신문사, 2018).

마누엘 카스텔, 김묵한·박행웅·오은주 옮김, 『네트워크 사회의 도래』(한울, 2003).

박소현·최이명·서한림, 『동네 걷기 동네 계획』(공간서가, 2016).

박철수, 『한국주택 유전자 2』(마티, 2021).

박해천, 『콘크리트 유토피아』(자음과모음, 2011).

박해천 외, 『세 도시 이야기』(G&Press, 2014).

발터 크리스탈러, 안영진·박영한 옮김, 『중심지 이론』(나남, 2008).

브뤼노 라투르, 박범순 옮김, 『지구와 충돌하지 않고 착륙하는 방법』(이음, 2021).

_____, 홍철기 옮김, 『우리는 결코 근대인이었던 적이 없다』(갈무리, 2009).

아마르티아 센, 김원기 옮김, 『자유로서의 발전』(갈라파고스, 2013).

안드레아스 헤르만·발터 브레너·루퍼드 슈타들러, 장용원 옮김, 『자율주행』(한빛비즈, 2019).

안토니오 다마지오, 고현석 옮김, 『느끼고 아는 마음』(흐름출판, 2021).

앨빈 토플러, 이규행 옮김, 『제3물결』(한국경제신문, 1989).

앵거스 찰스 그레이엄, 나성 옮김, 『도의 논쟁자들』(새물결, 2015).

엔리코 모레티, 송철복 옮김, 『직업의 지리학』(김영사, 2014).

엘리엇 소버, 민찬홍 옮김, 『생물학의 철학』(철학과현실사, 2004).

우자와 히로후미, 임경택 옮김, 『자동차의 사회적 비용』(사월의책, 2016).

윌리엄 노드하우스, 황성원 옮김, 『기후카지노』(한길사, 2018).

이반 일리치, 신수열 옮김, 『행복은 자전거를 타고 온다』(사월의책, 2018).

이졸데 카림, 이승희 옮김, 『나와 타자들』(민음사, 2019).

임마누엘 칸트, 백종현 옮김, 『판단력비판』(아카넷, 2009).

장수은, 「생활시간조사 자료를 활용한 통행시간예산 연구」, 《교통연구》 제25권 제3호(한국교통연구원, 2018).

전치형·김성은·김희원·강미량, 『호흡공동체』(창비, 2021).

전현우, 『거대도시 서울 철도』(워크룸프레스, 2020).

_____, 「역동적 균형 속의 이동: 해방을 향한 이동인가, 몰락을 향한 이동인가」, 《매거진 G》 3호(김영사, 2021).

_____, 「목숨값과 사회계약」, 《도미노》 6호(G&Press, 2014).

정내권, 『기후담판』(메디치미디어, 2022).

정지훈·김병준, 『미래자동차 모빌리티 혁명』(메디치미디어, 2017).

정호기·양아기, 「철도종사자의 사회 재난 적응 경험: 1977년 이리역 폭발 사고를 중심으로」, 《한국직업건강간호학회지》 제28권 제1호(2019).

제러미 하윅, 전현우·천현득·황승식 옮김, 『증거기반의학의 철학』(생각의힘, 2018).

제인 제이콥스, 유강은 옮김, 『미국 대도시의 죽음과 삶』(그린비, 2010).

제프리 웨스트, 이한음 옮김, 『스케일』(김영사, 2018).

존 롤스, 황경식 옮김, 『정의론』(이학사, 2003).

존 어리, 강현수·이희상 옮김, 『모빌리티』(아카넷, 2014).

지주형, 『한국 신자유주의의 기원과 형성』(책세상, 2011).

차두원, 『이동의 미래』(한스미디어, 2018).

차두원·이슬아, 『포스트모빌리티』(위즈덤하우스, 2022).

찰스 페로, 김태훈 옮김, 『무엇이 재앙을 만드는가?』(알에이치코리아, 2013).

최성웅, 「재택근무가 가능한 일자리의 특성과 분포: 물리적 근로환경을 중심으로」, 《한국경제지리학회지》 제23권 제3호(한국경제지리학회, 2020).

최준호, 「시장 질서와 경제적 합리성: 하이에크의 논의를 중심으로」, 《철학연구》 제29집(2005).

케이트 레이워스, 홍기빈 옮김, 『도넛 경제학』(학고재, 2018).

티머시 비틀리, 이시철 옮김, 『그린 어바니즘』(아카넷, 2013).

페르낭 브로델, 주경철 옮김, 『물질문명과 자본주의 3』(까치, 1997).

페르디난트 두덴회퍼, 김세나 옮김, 『누가 미래의 자동차를 지배할 것인가』(미래의창, 2017).

프리드리히 하이에크, 김균 옮김, 『자유헌정론』(자유기업센터, 1996).

피터 고프리스미스, 김수빈 옮김, 『아더 마인즈』(이김, 2019).

Adam Millard-Ball, "The Autonomous Vehicle Parking Problem," *Transport Policy* Vol.75(2019).

Cesare Marchetti, "Anthropological Invariants in Travel Behavior," *Technological Forecasting and Social Change* Vol.47 no.1(1994).

David Metz, "The Myth of Travel Time Saving," *Transport Reviews* Vol.28 no.3(2008).

Dietrich Braess, Anna Nagurney, & Tina Wakolbinger, "On a Paradox of Traffic Planning," *Transportation Science* Vol.39 no.4(2005).

Ioannidis, P. A. John, "Evidence-based medicine has been hijacked: a report to David Sackett," *Journal of Clini-*

cal Epidemiology Vol.73(2016).

Thomas Greb & Jan U. Lohmann, "Plant Stem Cells," *Current Biology* Vol.26 no.17(2016).

Vincent Kaufmann, Gil Viry, & Eric D. Widmer, "Motility," *Mobile Living across Europe II*, Norbert F. Schneider(ed.)(Barbara Budrich Publishers, 2010).

W. D. Hamilton, "The moulding of senescence by natural selection," *Journal of Theoretical Biology* Vol.12 no.1(1966).

Zia Wadud, Don MacKenzie, & Paul Leiby, "Help or Hindrance? The Travel, Energy and Carbon Impact of Highly Automated Vehicles," *Transportation Research Part A* Vol.86(2016).

**납치된 도시에서
길찾기**

이동의 위기 탐구

1판 1쇄 펴냄 2022년 12월 9일
1판 2쇄 펴냄 2023년 6월 20일

지은이 전현우
발행인 박근섭, 박상준
펴낸곳 ㈜민음사

출판등록 1966. 5. 19. (제 16-490호)
서울특별시 강남구 도산대로1길 62(신사동)
강남출판문화센터 5층(우편번호 06027)
대표전화 02-515-2000
팩시밀리 02-515-2007
www.minumsa.com

ⓒ 전현우, 2022. Printed in Seoul, Korea

978-89-374-9211-2 04300
978-89-374-9200-6 세트